Stefan Jacobasch

# Mit dem Rad rund um Braunschweig

Von Kurzausflügen
bis Tagestouren – Radfahren
zwischen Harz und Heide



Björn Zelter Verlag

Mit Fotos von Sabine Diedrichs,
Heiko Stolzke und Toni Angilotti.

Dank an Peter Kreuzer für die Korrektur.

Die Deutsche Bibliothek – CIP-Einheitsaufnahme

**Jacobasch, Stefan:**
Mit dem Rad rund um Braunschweig: von Kurzausflügen bis Tagestouren; Radfahren zwischen Harz und Heide / Stefan Jacobasch.–
1. Aufl. – Braunschweig: Zelter, 1996
ISBN 3-931727-01-7


1. Auflage, alle Angaben Stand Juni 1996
Druck: Igel-Druck, Braunschweig
Umschlagfoto: Heiko Stolzke
Buchgestaltung: Alexandra Nowak
Printed in Germany · ISBN 3-931727-01-7

## Inhaltsverzeichnis

Anhang:

## Vorwort

Das Braunschweiger Land ist keine Landschaft der Extreme. Steile Gebirge, spektakuläre Höhlen, weitläufige Flußlandschaften – was immer einem an Naturwundern dieser Welt in den Sinn kommen mag, sucht man in Südniedersachsen vergeblich. Mitunter wird die Landschaft um Braunschweig voreilig als langweilig bezeichnet. Auf den zweiten Blick jedoch wird deutlich, welche Schönheiten die Region zwischen Heide im Norden und Harz im Süden zu bieten hat.

Es ist eine Region der Übergänge mit einer vielfältigen, abwechslungsreichen Landschaft. Im Norden die Lüneburger Heide, im Westen das Leinebergland, im Osten die Magdeburger Börde, im Süden der Harz – und mittendrin das Braunschweiger Land mit dem Naturpark Elm-Lappwald, dessen Hügel im Norden erst sanft ansteigen, um in den Höhenregionen von Elm und Asse gebirgige Züge anzunehmen.

In Kirchen, Klöstern, Burgen und Schlössern haben die Jahrhunderte ihre Spuren hinterlassen. In Süpplingenburg und Königslutter erinnern Kirche und Kaiserdom an den König und Kaiser Lothar von Süpplingenburg; an Heinrich den Löwen erinnern in Braunschweig Dom und Löwendenkmal. Der eine prägte die erste Hälfte, der andere die zweite Hälfte des 12. Jahrhunderts; beiden verdanken wir durch ihre Stiftungen bedeutende Zeugnisse romanischer Architektur. Hanse und Reformation, Absolution und Aufklärung – jede Epoche macht vor allem durch ihre architektonischen Hinterlassenschaften noch heute auf sich aufmerksam. Dies gilt nicht zuletzt auch für die Jahre unter den Nationalsozialisten, ohne deren Städtegründungen Salzgitter und Wolfsburg das industrielle Gesicht der Region wohl ganz anders aussähe.

Natur und Geschichte lassen sich mit dem Fahrrad bestens erschließen. Mit dem vorliegenden Band sollen Tips gegeben werden, auf welchen Wegen man Südniedersachsen per Rad erleben kann. Dabei wird versucht, den verschiedensten Interessen gerecht zu werden. Es finden sich Touren für kulturell interessierte Radlerinnen und Radler, die ihre Fahrt mit einem Museumsbesuch verbinden wollen, wir schlagen eine historische Rundfahrt durch Braunschweig selbst vor und stellen Elm, Oderwald, die Städte Wolfsburg, Salzgitter und Wolfenbüttel vor. Aber auch für Bade- und Freizeitausflüge hält das Buch Informationen bereit.

Dieses Buch möchte zwei Ansätze miteinander verbinden: Zum einen sollen Touren so vorgestellt werden, daß man sie sicher und ohne aufwendiges Kartenmaterial erreicht. Dem Ortskundigen mögen die Streckenbeschreibungen mitunter zu detailliert erscheinen; allen denjenigen, die die Strecke aber zum ersten Mal fahren, wird die Beschreibung sicherlich nützlich sein.

Zum anderen möchten wir die Region vorstellen und auf Landschaft und Geschichte eingehen. Ein Geschichtsbuch kommt dabei natürlich nicht heraus. Es sollen aber Möglichkeiten eröffnet werden, sich mit der Landschaft, durch die man fährt, und den kulturellen Zeugnissen, auf die man am Wegesrand trifft, eingehender zu beschäftigen. Dazu soll der Anhang mit Literaturtips diejenigen zu weiterer Lektüre führen, die Lust bekommen haben, sich näher mit ihren Ausflugszielen zu befassen.

Alle Angaben dieses Buches sind sorgfältig geprüft worden. Sollte sich doch irgendwo ein Fehler eingeschlichen haben, bitten Autor und Verlag alle aufmerksamen Leserinnen und Leser, uns dies mitzuteilen.

Die vorgestellten Touren können nur Vorschläge sein, sich die Region zu erschließen. Das Wegenetz im Braunschweiger Umland bietet Fahrradfahrern vielfältige Variationsmöglichkeiten für die Tourenplanung. Wenn Sie bei ihren Fahrradwanderungen auf weitere interessante Strecken stoßen sollten, würden wir uns über eine entsprechende Mitteilung freuen. Diese Strecken würden wir gern in einer späteren erweiterten Auflage berücksichtigen.

Braunschweig, Juni 1996.

**Vor dem Start** Ein Auto muß regelmäßig zum TÜV, ein Fahrrad in technisch einwandfreiem Zustand zu erhalten, bleibt dagegen unkontrolliert. Keine Angst, an dieser Stelle gibt es keine moralischen Appelle über Sicherheit im Strassenverkehr zu lesen. Wir sollten uns aber bewußt sein, daß ein technisch sicheres Rad für Ausflüge nicht nur empfehlenswert sondern absolut nötig ist. Nichts ist ärgerlicher, als mit einem Schaden unvorbereitet auf offener Strecke liegenzubleiben – besonders, wenn man mit Freunden in einer Gruppe unterwegs ist. Vor dem Ausflug sollte man sich daher versichern, daß Speichen, Bremsen und Kette die Fahrt heil überstehen werden. Ketten und Zahnräder sollten gut eingefettet sein, es muß dann wesentlich weniger Kraft aufgewendet werden.

Mit der eigenen Sicherheit gehen viele Radler leichtsinnig um, dabei sind wir bei Unfällen praktisch ungeschützt. Man muß nicht gleich mit einem schweren Unfall rechnen, aber Stürze mit Hautabschürfungen können schnell passieren. Gerade bei Ausflügen mit Kindern sollte man auf kleinere Verletzungen vorbereitet sein.

Ins Gepäck gehören:

• die wichtigsten Schraubenschlüssel und ein Schraubenzieher, dazu Flickzeug oder besser noch ein Ersatzschlauch, der wenig kostet aber bei einer Panne schnell eingewechselt ist. Pannensprays, die über das Ventil in den kaputten Schlauch gesprüht werden, sind dagegen nicht in allen Fällen ausreichend.

• Pflaster und ein Wunden-Desinfektionsspray, falls wir auf schlechter Strecke fallen und uns verletzen; besser ist noch eine Erste-Hilfe-Tasche, wie sie für Motorradfahrer entsprechend dem Erste-Hilfe-Koffer für PKWs konzipiert wurde. Merkwürdigerweise halten die wenigsten Fahrradfans solche Ausrüstung für nötig, dabei sind Erste-Hilfe-Ausstattungen preiswert und leicht mitzuführen.

• Ins Gepäck gehört – zumindest auf langen Strecken – auch Kartenmaterial. Die Streckenbeschreibungen in diesem Buch sind so detaliert verfaßt, daß man theoretisch ohne weitere Karte ans Ziel käme. Die Touren-Empfehlungen umfassen allerdings nur jeweils eine mögliche Strecke unter vielen.

Braunschweigs Umgebung ist mit einem Netz guter Radwege versehen, welches breiten Raum für Varianten, Abzweigungen und Abkürzungen läßt. Wer regelmäßig Ausflüge unternimmt, sollte hin und wieder nach neuen Karten Ausschau halten, selbst Autoatlanten helfen weiter. Je mehr Karten wir für unser Ausflugsgebiet vorrätig haben, desto besser können wir uns orientieren. Kartenmaterial verliert nach einigen Jahren seinen Wert, andererseits kann man auch mit neuesten Plänen Überraschungen erleben, wenn ein Weg im Nichts endet, der laut Zeichnung eigentlich eine wichtige Verbindung herstellt ...

Für alle Touren gilt deshalb, seine Kräfte nicht zu überschätzen und besonders am Anfang mit kurzen Strecken zu beginnen. Wir müssen keine Geschwindigkeitsrekorde aufstellen und uns nicht mit den Leistungssportlern messen! Praktisch sind Kilometerzähler, die es schon ab etwa DM 30,- im Handel gibt: Stellen Sie so fest, welche Geschwindigkeit beim Radeln die angenehmste für Sie ist. Planen Sie die Länge einer Tour so, daß sie in Ihrer persönlichen Durchschnittsgeschwindigkeit zu bewältigen ist. Mit der Zeit können Sie Geschwindigkeit und zu fahrende Gesamtlänge langsam steigern. Lassen Sie sich Zeit, Sie sind zur Erholung unterwegs! Wenn Sie das Radfahren als Sport betreiben wollen, fahren Sie lieber im Stadion im Kreis rum; das stört wenigstens nicht die anderen Ausflügler.

Noch ein Wort zum Thema Landschaft: Wald und Wiesen sind nicht dazu da, mit Mountainbikes querfeldein durchpflügt zu werden. Die Natur ist durch Besucher schon genug belastet, wir sollten als Radfahrer deshalb auf Straßen und Wegen bleiben – auch außerhalb von Naturschutzgebieten! Rücksichtnahme ist ebenso gegenüber den Wanderern und Spaziergängern geboten, die sich ihre Wege mit den Radlern teilen.

Planen Sie für Ihre Fahrten immer etwas mehr Zeit ein, als Sie eigentlich brauchen. Hektik und Streß wäre das Letzte, was Sie auf Ihren Ausflügen gebrauchen könnten. Im Alltag werden heute Schnelligkeit und Geschwindigkeit schon als Grundwerte gehandelt – warum sollten wir uns auch noch in der Freizeit auf diesen Irrsinn einlassen?

# Braunschweig– Auf historischen Spuren

Eine Rundfahrt dem ehemaligen Wall folgend von 5 km Länge.

1

*Die Braunschweiger Innenstadt ist von einem grünen „Gürtel“ umgeben. Hin und wieder breitet er sich zu schönen Parkanlagen aus, an anderen Stellen besteht er aus einem bescheidenen von Bäumen gesäumten Grünstreifen, der sich entlang des Umflutgrabens um das Zentrum der Löwenstadt zieht. Die Straßennamen – ob Petritorwall im Westen, Wendentorwall im Norden, oder Theaterwall im Osten – erinnern daran, daß hier einmal der Festungsring der herzoglichen Residenzstadt verlief. An diesen über Jahrhunderte gültigen Stadtgrenzen entlang verläuft unsere Rundfahrt, auf der sich eine Reihe interessanter Zwischenstops anbieten.*

**Geschichte** Die frühe Geschichte der Stadt Braunschweig kann an dieser Stelle nur kurz umrissen werden. Ihre Zeugnisse finden sich überwiegend im Innern um Burg, Kohlmarkt und Altstadtmarkt, also nicht auf unserer Tour.

Entstanden ist die Stadt aus einer dörflichen Siedlung an der Kreuzung frühmittelalterlicher Handelsstraßen. Nach Westen verlief der Handelsweg nach Köln, nach Norden führten Wege zur Nordsee und nach Lüneburg, nach Magdeburg und Leipzig führten die östlichen und südlichen Handelsstraßen. Auf der Oker transportierte man Waren nach Bremen. Vermutlich um das 10. Jahrhundert bildete sich das Dorf Altewiek mit Hafen östlich der Oker, westlich des Flusses ist eine Marktniederlassung am Kohlmarkt nachgewiesen. Beide Siedlungen verband eine Furt, weil sich die Okeraue mit ihren sumpfigen Randzonen an dieser Stelle auf nur etwa 200 Meter verengte. Später wurde aus der Furt ein befestigter Übergang, an den noch der heutige Straßenname „Damm“ erinnert. Die Burg nördlich des Dammes folgte, wahrscheinlich als Schutz der Handelswege.

Die günstige Verkehrslage ließ Braunschweig schnell zur Stadt aufsteigen, die Stadtrechte wurden um das Jahr 1130 verliehen. Die Bürger entwickelten angesichts der wirtschaftlichen Bedeutung der Löwenstadt ein starkes Selbstbewußtsein. Mitte des 14. Jahrhunderts ist die Stadt an der Gründung der Hanse beteiligt, in der sich die Handelsstädte gegenseitige Unterstützung zusichern. Mit den Herzögen gerät die Stadt wiederholt in Konflikt, etwa Anfang des 16. Jahrhunderts, als die Reformation in Braunschweig eingeführt wird. Die Welfen ziehen sich derweil in ihre Residenz nach Wolfenbüttel zurück.

Erst im Jahr 1671 verliert Braunschweig seine städtische Autonomie. Der wirtschaftliche Niedergang der Hanse hat das Städtebündnis geschwächt, die Bürger sind untereinander zerstritten. Einer mehrwöchigen Belagerung durch herzogliche Truppen ergibt sich die Stadt am 12. Juni. Am 16. Juni müssen die Bürger dem Herzog Rudolf August und seinem Bruder Anton Ulrich vor dem Altstadtrathaus huldigen. Außer der Religionsfreiheit blieben der Stadt kaum Rechte. Über 3000 Soldaten des herzoglichen Heeres wurden in Braunschweig einquartiert, die Waffen der Bürger beschlagnahmt worden.

Im Jahr 1691 begann man auf herzoglichen Befehl mit dem Bau umfangreicher Befestigungsanlagen. Die rund sechs Kilometer langen und 300 Meter breiten Wallanlagen wurden außen um die mittelalterliche Stadtmauer herum gelegt, der Umflutgraben, in dem die Oker schon um die mittelalterliche Stadt herum geleitet worden war, wurde verbreitert. Nach dem Vorbild französischer Festungsanlagen prägten zackenförmige Bastionen und in den Graben gelagerte befestigte Inseln das Bild des Walles. Die Arbeiten wurden erst um das Jahr 1740 abgeschlossen. Die Lage der ehemaligen Bastionen ist noch heute an dem gewundenen Verlauf des Oker-Umflutgrabens zu erkennen.

*Löbbeckes Insel*

Schutz boten die Befestigungsanlagen 1761, als die Stadt im Verlauf des Siebenjährigen Krieges (1756 - 1763) für kurze Zeit belagert wurde. Daß man aber schon vor Ende des 18. Jahrhunderts den Abbau der Wallanlagen plante, hatte mehrere gute Gründe. Der Unterhalt der Bastionen war zu teuer, militärisch wurden sie angesichts der Fortschritte der Waffentechnik immer unwichtiger und nicht zuletzt behinderten sie das Wachstum der Stadt. Die Stadtfläche entsprach im Jahr 1800 weitestgehend dem Stand von vor 400 Jahren, was zu einer extremen Verdichtung in der Bebauung geführt hatte.

Herzog Karl I. hatte durch militärische Ausgaben und eine zu großzügige Hofhaltung sein Land in die Verschuldung getrieben. Als nach seinem Tod 1780 Karl Wilhelm Ferdinand die Regentschaft übernahm, war dem neuen, vergleichsweise modernen Herzog klar, daß nur ein wirtschaftlicher Aufschwung und Wachstum die Finanzen des Landes sanieren konnten. Um die Expansion der Stadt Braunschweig zu fördern, setzte er 1801 eine „Wall-Demolierungs-Kommission" ein, die 1802 mit der Schleifung der Befestigungsanlagen begann. Finanziert wurden die Arbeiten durch den Verkauf der Grundstücke im ehemaligen Wallgebiet; es entstand so ein Wohngebiet für das wohlhabene Bürgertum. Geblieben ist neben weiten Teilen des Umflutgrabens die Nennung „...wall" in den Straßennamen, die noch heute die alten Stadtgrenzen nachvollziehbar machen.

*Reste der frühen Stadtmauer*

**Die Strecke** Wir beginnen unsere Fahrt am Gieselerwall. Im Süden fließt die Oker im Bett des Umflutgrabens, der durch den Cityring Richtung Europaplatz fast völlig überbaut ist. Nördlich des kleinen Parks, an der Rückseite des Prinzenweges, finden wir noch Reste der frühen Stadtmauer, deren Verlauf hier auf das 12. Jahrhundert zurückgeht. Nach rechts biegen wir in den Wilhelmitorwall. Er hat seinen Namen nach dem Tor, welches 1719 nördlich der Ferdinandstraße aus der Festungsanlage hinausführte (heute als Brücke erhalten). Die Ferdinandstraße deutet mit ihrer rechtwinkligen Straßenführung noch den vorspringenden Verlauf der damalige Bastionsanlage an.

Dem Umflutgraben können wir durch dichte Bebauung nicht direkt folgen. Wenn wir die Sonennstraße geradeaus in den Hohetorwall überqueren, kommt er links wieder zum Vorschein. Nach Norden schließt sich der Petritorwall an, über die Celler Straße erreichen wir den Inselwall. Die Höhe der ehemaligen Wallanlagen läßt sich nachvollziehen, wenn man die Treppe zur Neustadtmühle hinuntergeht. Auf der anderen Seite führt der Wall zu Löbbeckes Insel hinunter, benannt nach der Villa, die sich der Bankier Alfred Löbbecke 1880 bauen ließ. Der beauftragte Architekt Friedrich Kreiß schuf auch den zwischen den Zufahrtswegen gelegenen Bammelsburger Teich. Seit 1959 sind Villa und Grundstück im Besitz der Stadt, die Villa wurde zum Gästehaus der TU umgebaut. Die Gestaltung des Parks auf dem ehemaligen Ludwigsbollwerk geht auf den ursprünglichen Besitzer Julius Georg Bierbaum zurück. Er ließ sich ein repräsentatives Herrenhaus errichten, das im Krieg stark beschädigt und später abgerissen wurde. An seiner Stelle steht heute die Fontäne des Inselwallparks.

*Am Inselwall*

Der Inselwall mündet in die Schubertstraße, am besten fährt/geht man nördlich über „Am Gaußberg“ um den Gaußberg herum (Einbahnstraße aus der Gegenrichtung!). Dem Mathematiker und Astronomen Karl Friedrich Gauß setzten die Braunschweiger 1880 ein Denkmal, weil er in der Löwenstadt geboren wurde. Anlässlich seines 100. Geburtstages am 30.04.1877 hatte eine Spendensammlung zugunsten des Denkmals begonnen.

Wir überqueren die Straße „Am Wendentor“ und fahren über die Brücke nach rechts auf das Gelände der Technischen Universität. Das Wendentor war seit dem Mittelalter der nördliche Zugang zur Stadt. Von hier aus führte der Handelsweg nach Lüneburg, an dieser Stelle verließ die Braunschweig durchziehende Oker die Stadt. Das Wendentor galt deshalb als besonders verwundbar und wurde durch eine mehrfache Toranlage geschützt.

*Tunnel Theaterpark*

Noch vor der Brücke fallen die Torhäuser zu beiden Seiten auf, wie wir sie ähnlich noch zwei Mal auf unserer Strecke finden werden. Sie wurden an dieser Stelle 1818-20 unter der Leitung von Peter Joseph Krahe im Auftrag des Herzogs errichtet. Der Architekt Krahe war seit 1803 Leiter des herzoglichen Bauwesens, gestaltete weite Teile der Wallanlagen um und entwarf mehrere Braunschweiger Gebäude, darunter die Villa Salve Hospes.

*Theaterpark*

Die an antike Tempel erinnernden Zollhäuser finden wir heute auch noch an der Fallersleber Straße und am Steintor. Über das Gelände der TU geht es am Umflutgraben entlang, dann rechts über die Brücke auf den Fallersleber-Tor-Wall. Hier biegen wir links ab und fahren am Gebäude der AOK vorbei zum Botanischen Garten. Die Krankenkassse ließ das Gebäude 1929 von Carl Mühlenpfordt entwerfen. Der Architekt, der in Braunschweig studierte und zeitweise auch als Professor für Architektur und als Rektor an der Hochschule tätig war, verhinderte übrigens 1932 den Plan des Ministerpräsidenten Klagges, Hitler per Professur einzubürgern.

„Seinem“ AOK-Gebäude kam unter den Nationalsozialisten eine traurige Rolle zu. SA und SS machten das Haus 1933 zur Folterstätte für politische Gegner. Ab 1939 waren das Wehrbereichskommando und andere militärische Institutionen in den Räumen der Krankenkasse untergebracht.

▶ Botanischer Garten
Humboldtstraße 1
Freiland Mo-So: 8-18 Uhr
(Bei Regen und im Winter
Mo-Fr: 8-16.30 Uhr)
Gewächshäuser
Di-Do: 13-16.30 Uhr

Über die Brücke geht es zum **Botanischen Garten**. Die großen Gewächshäuser sind immer einen Besuch wert, im Sommer natürlich auch die schönen Außenanlagen, die malerisch am Flußufer liegen.

▶ Torhausgalerie BBK
Humboldtstraße 34
Tel: 346166
Di-Fr: 16-19 Uhr
So: 11-14 Uhr

Auf der anderen Seite ist der Verband bildener Künstler (BBK) Braunschweig in einem **Torhäuschen** mit Ausstellungsräumen untergebracht. In den eigentlich viel zu kleinen Räumen finden regelmäßig Ausstellungen Braunschweiger Künstler statt. Vom Fallersleber Tor aus verläuft ein schöner Weg an der Oker entlang durch Theaterpark und Museumspark nach Süden. Der Weg endet auf der Museumsstraße, die ihrem Namen alle Ehre macht. Im Norden, links hinter der Brücke ist – nach dem BBK – eine zweite kulturelle Institution in einem Törhäuschen untergebracht. Das kleine feine **Museum für Photographie** residiert seit 1987 im klassizistischen, leider viel zu engen Steintorhaus. Der Trägerverein aus Fotografen und Fotofreunden zeigt hier wechselnde Ausstellungen, baut eine Sammlung von Fotos und technischen Apparaten auf und verfügt über eine Fachbibliothek, die malerisch in einem angegliederten Pavillon untergebracht ist. Sie steht auf Nachfrage auch Nichtmitgliedern offen.

▶ Museum für
Photographie
Helmstedter Str. 1
Tel. 7 50 00
Di-So: 13-18 Uhr

Der größere Nachbar im Süden, der der Museumstraße seinen Namen gibt, ist das **Herzog Anton Ulrich-Museum**, welches man uneingeschränkt als Braunschweigs schönstes Museum bezeichnen kann. Neben Klassikern der niederländischen Malerei, ergänzt durch italienische, französische und deutsche Künstler bis ins 18. Jahrhundert, besitzt das Museum eine große Sammlung an Zeichnungen und Druckgraphiken. Diese werden in wechselnden Ausstellungen gezeigt, weil die Bestände zu umfangreich für eine Dauerausstellung sind. Das Kupferstichkabinett steht im übrigen – wie die Bibliothek des Museums – dem interessierten Kunstfan jederzeit offen.

▶ Herzog Anton
Ulrich-Museum
Museumstraße 1
Tel. 484 24 00
Di-So: 10-17 Uhr
Mi: 10-20 Uhr
Kupferstichkabinett
Di-Fr: 10-13 Uhr,
14-16 Uhr
Mi: bis 18 Uhr
Bibliothek
Di-Fr: 10-12.30,
13.30-16.45 Uhr
Mi: bis 19 uhr

Das Museum geht zurück auf das von Herzog Karl I. 1754 begründete Kunst- und Naturalienkabinett, dem es seine Bestände an Münzen, Skulpturen und Kunsthandwerk verdankt. Sein Name erinnert an den früheren Herzog Anton Ulrich (1633-1714), dessen Gemäldesammlung aus dem Schloß Salzdahlum teilweise in das Kabinett integriert wurde und dem Museum eine überregionale Bedeutung gab. Seltsam: Nicht wenige Braunschweiger besuchen als Touristen die bedeutenden Museen dieser Welt, um einen Rembrandt, Rubens, Ruisdael, Vermeer ... zu sehen, ohne zu wissen, daß Werke dieser Maler auch direkt vor Ort zugänglich sind.

Lucks u. Co.
Herbort
Ludwigstr.
Braunschw. Versorgungs-AG
Städt. Fuhrpark
Taubenstr.
Flotowstr.
Wilke-Str.
Franz-Liszt-Str.
Celler Str.
Juteweg
Heizkraftwerk Mitte
Reiherstr.
Ladestelle BS-Nord
Braunschweiger Zeitung
Nord-bf.
Nordstr.
Kloster Alb. Magnus
Inst.d.TU
Bei dem Gerichte
Werksteig
Feuerwehr
Hasenwinkel
Feuerwehrstr.
Schuberth-Werk
Techn. Park
Brucknerstr.
Hans-Sommer
Hastra
Eichtalstr.
Spinnerstr.
Kreuzkampstr.
Tunicastr.
Sporthalle
Mittelweg
Rebenring
Städt. Klinikum
Wendenring
Mensa
Garnison-friedh.
Naturhist. Museum
Inst. d.TU
Göttingstr.
Gliesmaroder
Ernst-Amme-Str.
Lenaustr.
Pestalozzistr.
Huttenstr.
Wendenmasch
Mühlenpfordtstr.
Katharinenstr.
Konstantin-Uhde-Str.
Hagenring
RC Normannia
Schleinitzstr.
Techn. Universität
Aud. Max
Spielmannstr.
Zimmerstr.
Neustadtring
Amalienpl.
Amalienstr.
Bammelsbg.
Am Gaußberg
Jerusalemstr.
Gaußstr.
Bültenweg
Schunterstr.
Waterloostr.
Löbbeckes Insel
Schubertstr.
Wendentorwall
Münstedter Str.
Haeckelstr.
Eichamt
Keplerstr.
Inselwall
Amtsgericht
NDR
Botan. Garten
Karlstr.
Wabestr.
Aller
Humboldtstr.
Rudolfpl.
Rudolfstr.
Besselstr.
Eulenstr.
Gartenstr.
Wendenstr.
Wilhelmstr.
Bez.-Reg.
Bad
AOK
Zeppelinstr.
Steinbrecherstr.
Goslarsche Str.
Justizvollzugsanstalt
Rennelbg. Str.
Rosental
Okerstr.
Wollmarkt
Kaiserstr.
Bockstw.
Fallersleber Str.
A. Fallersl. T.
Krim. Pol.
Hauptzollamt
Petristr.
Görgesstr.
Höfenstr.
Celler Str.
Neuer Weg
Beckenwerkstr.
Weberstr.
Reichsstr.
Hagenmarkt
Schöppenstedter Str.
Mauernstr.
Theaterwall
Wiesenstr.
Kasernenstr.
Moltkestr.
Jasperallee
Radeklint
Lange Str.
BBS
Küchenstr.
Theaterpark
Fasanenstr.
Chemnitzstr.
Honrothstr.
Petritorwall
Öff. Buch.
Hint. Brüdern
Bohlweg
Steinweg
Am Staatstheater
Bergstr.
Städt. Klinikum
Königsstieg
Bäckerklint
Schild
Marstall
Ruhfäutchenpl.
Bez.Reg.
Am Schloß
Museumpark
Bismarckstr.
Husarenstr.
Tuckermannstr.
Bürgerstr.
Hohetorwall
Neustadtmühlengraben
Breite Str.
Gördelingerstr.
Schützenstr.
Kattreppeln
Neue Str.
Burg
Dom
Rathaus
Dankwardstr.
Ritterbr.
Krkhs. St. Vinzenz
Hzg. Anton Ulrich-Museum
Herzogin-Elisabeth-Heim
Braunschw.
Sidonienstr.
Güldenstr.
Scharrnstr.
Altstadtmarkt
Stephanstr.
Schuhstr.
Domplatz
Langer Hof
Pol. Dir.
Georg-Eckert-Str.
Museumstr.
Fin. Amt
Kreuzstr.
Hohestieg
Sonnenstr.
IHK
Post
Kohlmarkt
Hutfiltern
Damm
Magnitorwall
Heinrichstr.
Altewiekring
Madamenweg
Pol.
Westlicher Umflutgraben
Hohe Tor
Heydenstr.
Martinikirchhof
Turnierstr.
Eiermarkt
Fernm.-A.
Ölschlägern
Die Brücke
Heimstedter Str.
Techn. Sch.
Altstadtring
Pawelstr.
Petersstr.
Stobenstr.
Ritterstr.
Kuhstr.
Städt. Mus.
Stadtbibl. u. archiv
Kat. A.
Mackstr.
Südstr.
Bruchtorwall
Fr.-Wilh.-Pl.
Wallstr.
Ägidienmarkt
Klint
Löwenwall
Martha-str.
Leonhardstr.
Wilhelmitorwall
Kalenwall
Gieseler
Nord. Landesbank
Spohrpl.
Mönchstr.
Augusttor
Steinbergstr.
Bugenhagenstr.
Sophienstr.
Hedwigstr.
Kl. Döringstr.
Europa-Platz
Konrad-Adenauer-Str.
Lessingpl.
J.-F.-Kennedy-Pl.
Leonhardpl.
DRK
Gerstäckerstr.
Dom-Friedh.
Magnifriedh.
Stadthalle
Virchowstr.
Döringstr.
Haus Salve Hospes
Städt. Mus. Sch.
Windmühlenbg.
Rimpaustr.
Adolfstr.
Campestr.
Ottmerstr.
Pippelweg
K.V. Hohetor
K.V. Ulrici
Kalandstr.
Cammannstr.
Holzhof
Freizeit- u. Bild. Zentrum
Städt. Bad
Obergstr.
Krahestr.
Henneberg-str.
Kurt-Schumacher-Str.
Viewegs Garten
Schill-Ged.-St.
Cyriaksring
Luisenstr.
Frankfurter Str.
Juliusstr.
MFB
Kramerstr.
BMA
Bürgerpark
LVA
G.-Wolters-Str.
Charlottenstr.
Viewegstr.
Leisewitzstr.
Autorstr.
Hauptpost
Fernm.-A.
ZOB
Bahnpol.
Arbeitsamt
K.V. Westbahn
K.V. Wiesengrund
Bergfeldstr.
Blumenstr.
Schöttlerstr.
Fin.A.
Badetwete
Gertrudenstr.
Berliner Pl.
Hauptbahnhof
Bf. BS-West
Helenenstr.
Odastr.
Ekbertstr.
Am Alten Bahnhof
Theodor-Heuss-Str.
Friedrichstr.
Wolfenbütteler Str.
Städt. Betr.-Hof
Westbahnhof
Karges-Hammer
Werkstättenweg
RSV
PSV
BKC
BTHC
H.-Büssing-Ring
Hugo-Luther-Str.
Jahnstr.
Arndtstr.
K.V. Okerwiese
Fr.-Kreiß-Weg
Bröcklerstr.
Brauerei Feldschl.
Zivildienst-Sch.
Fabrikstr.
Eisenbütteler
Hoheworth
park
Riedestr.
Hebbelstr.
Stobwasserstr.
Anschlußstelle BS-Gartenstadt
Ausstellungsgelände
Hofbrauhaus Wolters
Bezirkssportanlage Jahnplatz
Ackerstr.
Th.-Heuss-Str.
Eisenbütteler Str.
Klosterkp.
K.V. Klosterkamp
Alte Frankfurter
O.-v.-Guericke-Str.
K.V. Kennel
Borsigstr.
K.V. Charlottenhöhe
Charlottenhöhe
Alte Salzdahl. Str.
Salzdahlumer
Hans-Porner-Str.
Herm.-v.-Vechelde
Henschelstr.
K.V. Südwest
Deutsche Müller-Sch.
Landesbild. Zentrum f. Hörgeschädigte
Rollei
Kennelweg

Städtisches Museum
Am Löwenwall
Tel. 4 70 45 08
Di-So: 10-17 Uhr
Do: 10-20 Uhr

Über den Steintorwall erreicht man das **Städtische Museum**, das sich der lokalen Kunst- und Kulturgeschichte widmet. Hier am Löwenwall findet man geradezu das „Geschichts-Zentrum“ der Stadt – Stadtarchiv und Stadtbibliothek sind in unmittelbarer Nachbarschaft untergebracht.

Formsammlung
Löwenwall 16
Tel. 4 70 45 40
Di-Fr: 10-13 Uhr
So: 10-13 Uhr

Zum Städtischen Museum gehört (neben einer Ausstellung zur Stadtgeschichte im Altstadtrathaus) die **Formsammlung**, die in der Villa Gerloff am Löwenwall 16 untergebracht ist. Dokumentiert wird hier die Entwicklung des Gebrauchsgeschirrs in Europa von der römischen Kaiserzeit bis in die Gegenwart. Ergänzt wird die Sammlung durch isla mische Fayencen und ostasiatische Keramik.

Kunstverein
Braunschweig e.V.
Lessingplatz 12
Tel. 4 95 56
Di-So: 11-17 Uhr

Wenn wir über den Löwenwall nach rechts den John-F.-Kennedy-Platz überqueren, können wir mit dem Salve Hospes am Lessingplatz die „Museums-Meile“ abschließen. Die Villa Salve Hospes hat sich 1805 der Kaufmann Diedrich Wilhelm Krause auf ehemaligem Wallgelände errichten lassen. Seit 1927 ist das Haus in städtischem Besitz, der Braunschweiger **Kunstverein** nutzt es heute als Ausstellungsfläche für die Werke deutscher und internationaler zeitgenössischer Künstler.

„Lessingplatz“ hieß ursprünglich nur der kleine, im Norden angeschlossene Platz mit dem Denkmal Lessings. Der Dichter, eigentlich als Bibliothekar in Wolfenbüttel angestellt (siehe dazu Seite 91), besaß am nahen Aegidienmarkt eine kleine Zweit-Wohnung. Die größere langgestreckte Grünfläche, durch welche heute die Straßenbahngleise verlaufen, bildete zwischenzeitlich den eigenständigen „Siegesplatz“, an dem 1881 ein Kriegerdenkmal aufgestellt wurde. Das Denkmal schmolz man im Zweiten Weltkrieg ein, seit 1950 heißt das gesamte Areal endgültig nur noch Lessingplatz.

*Museumspark*

Am südwestlich beginnenden Bürgerpark endet unsere Fahrt. Der Park oberhalb des Freizeit- und Bildungszentrums (FBZ) wird zwar allgemein dem Bürgerpark zugerechnet, historisch betrachtet handelt es sich jedoch um den eigenständigen Bahnhofspark, dessen Gelände die Eisenbahndirektion zur Erweiterung des ehemaligen Stichbahnhofes (heute zentrales Gebäude im Komplex der Nord/LB) erworben hatte. Durch die Straßenführung ist dieursprünglich recht großzügige Parkfläche im nördlichen Teil, der an den Bruchtorwall heranreicht, stark beschnitten.

Rund 500 Meter südlich des FBZ, mitten im Bürgerpark, teilt sich die Oker in zwei Seitenarme auf. Ihr westlicher Arm geht in Höhe des Bruchtorwalls, der östliche Ausläufer unterhalb des John-F.-Kennedyplatzes, in den Umflutgraben über, dessen Verlauf wir auf unserer Ringtour nachvollzogen haben.

*Im Bürgerpark*

*Im Theaterpark*

*Museum für Photographie*

*Städtisches Museum*

*Herzog Anton Ulrich-Museum*

*Museumspark*

2

# Nördliche Rundfahrt: Oker, Schunter, Mittellandkanal

Gesamtlänge ca. 28 km, mit Abstecher über den Kiessee Bienrode ca. 30 km

*Auf unserer Tour nach Norden folgen wir der Oker, überqueren den Mittellandkanal zweimal und begegnen ebenso der Schunter auf Hin- und Rückfahrt. Die sandigen Böden im Norden Braunschweigs sind bekannt für ihren Spargel - ein Ruf, der geblieben ist, obwohl Teile der einst landwirtschaftlichen Flächen inzwischen zu Gewerbe- und Industriegebieten umgewandelt wurden. Im Eickhorster Holz besuchen wir die letzten, hier einst zahlreicher vertretenen Eichen- und Hainbuchenbestände und können auf der Rückfahrt am Kiessee von Bienrode die unbeschwerliche Rundfahrt mit einem Picknick abschließen.*

**Die Strecke** Wir verlassen die Braunschweiger Innenstadt an der Oker entlang. An der Brücke Neustadtring/ Wendenring führt der Weg für Fußgänger und Radfahrer zur Feuerwehrstraße hinunter. Über die Uferstraße nach Norden geht die Fahrt zum Ölper See. Diesen kann man nördlich oder südlich umfahren, auf jeden Fall muß man sich am Ende des Sees nördlich halten und den Weg zwischen Oker und Siedlung Schwarzer Berg fahren. Weiter geradeaus knickt die Strecke nach rechts ab. An der nächsten Abzweigung fahren wir nach links über Gleise in den Maulbeerweg und in dessen Verlauf unter der A 391 hindurch. Hinter der Autobahn-Unterführung können wir gleich nach rechts abbiegen oder weiter geradeaus fahren – so oder so landen wir auf der Pfälzerstraße, auf der wir links abbiegend nach Veltenhof hineinfahren.

Wir folgen der Pfälzerstraße im Halbbogen, bis links die Oker wieder zu sehen ist. Rechts zweigt der Waller Weg ab, in den wir einbiegen. Immer geradeaus geht es jetzt auf den Mittellandkanal zu. Haben wir über die Brücke den Kanal überquert, teilt sich der Weg in vier Richtungen. Wir nehmen die Strecke geradeaus (zweiter Weg von links) und fahren schnurgerade Richtung Walle. Wenn unser Weg schließlich in eine Gabelung mündet, biegen wir nach rechts ein Richtung Autobahn. Die Brücke führt uns über die A2. Hinter der A 2 überqueren wir noch die Hafenstraße, die links nach Walle führt. Auch unsere Tour führt über Walle, allerdings auf einer schöneren Strecke. Haben wir die Hafenstraße überquert, biegen wir in den nächsten Weg nach links ein und fahren diesen geradeaus weiter. Wenn der Weg auf die Schunter trifft, folgt er der Flußrichtung in einem Linksbogen nach Westen. Über den „Kohlgarten" fahren wir in Walle ein, biegen nach rechts auf die Hafenstraße, nach etwa 300 Metern wieder nach rechts in die Waller Straße. Richtung Nord-Osten überquert man die Schunter, die nordwestlich von Walle in die Oker mündet.

Wir folgen der Waller Straße Richtung Lagesbüttel, fahren aber am Friedhof geradeaus ab in den Waller Lehmweg. Ihm folgend geht es geradeaus südlich an Lagesbüttel vorbei, die Harxbütteler Straße überquerend, auf das Klosterholz zu. Das kleine Wäldchen durchquert man im Zickzack-Kurs:

Geradeaus geht es in den Wald hinein, kurz vor seinem Ausgang biegt man nach links ab, folgt dem Weg, der schließlich nach rechts abknickt, weiter geradeaus bis zur Gabelung. Hier biegen wir nach links Richtung Norden ab, erreichen die Dorfstraße und fahren nach rechts nach Eickhorst.

Das Dorf durchfährt man über die Dorfstraße, der man links abbiegend folgt, um dann nach rechts in „Am Ostfeld" einzubiegen. Am Ende der Straße befindet sich ein kleiner Friedhof mit Kapelle. An ihm vorbei geht es geradeaus ins Eickhorster Holz. An einer Gabelung nehmen wir den linken Weg. Am Ende unserer geraden Strecke laufen sternförmig Wege zusammen: einer führt nach rechts, zwei nach links. Wir nehmen den zweiten nach links Richtung Westen. Kurz bevor wir den Wald verlassen – Felder kommen schon in Sicht -- biegen wir nach rechts ab. Geradeaus geht die Fahrt bis zum Waldrand, dann biegen wir nach rechts ein, an der nächsten Kreuzung nach links. Am Waldrand entlang führt die Strecke in südlicher Richtung nach Thune. Geradeaus geht es über „Zu den Sundern" in die Thunstraße, über den Kanal hinweg in den Aschenkamp. Weiter nach Süden gelangen wir in die Braunschweiger Innenstadt zurück.

*Mittellandkanal*

Allerdings bietet sich an dieser Stelle auch ein Abstecher zum Kiesteich Bienrode an: Dafür biegen wir vom Aschenkamp nach links in die Hauptstraße ein, überqueren auf ihr die Schunter, biegen nach rechts in „Wendebrück" und nach Überquerung der B 4 in den ersten kleinen Weg nach rechts. Wir fahren auf diesem Weg bis zu einer Gabelung, an der wir nach rechts abbiegen müssen. Geradeaus fahren wir genau auf den Kiesteich bei Bienrode zu. Hier hat man Kies und Sand abgebaut, danach die Landschaft um den sich bildenden See rekultiviert. Der Kiessee bietet jetzt Bade- und Grillmöglichkeiten; ein Picknick nach unserer Fahrt durch das nördliche Umland haben wir uns nun wirklich verdient.

Die Rückfahrt könnte uns an der Schunter entlang in die Stadt führen, an Lincoln- und Schuntersiedlung vorbei läßt sich der Autoverkehr gut umgehen. Dazu durchquert man Bienrode nach Westen, bis man auf die Altmarkstraße gelangt. Auf halber Strecke zwischen Waggumer Straße im Süden und „Auf dem Anger" im Norden führt auf der anderen Straßenseite Richtung Schunter ein Weg zur Wassermühle.

Diesem Weg folgt man nach Süden, unterquert die A 2 und fährt dann entlang der Schunter bis zu einer Gabelung, die rechts nach Rühme führt (über „Am Alten Dorfe", Osterbergstraße und Gifhorner Straße kämen wir zu unserem Ausgangspunkt zurück), links nach Kralenriede hinein und südlich weiter an der Schunter entlang.

Wollen wir in Wenden nicht nach Bienrode abbiegen sondern zu unserem Ausgangspunkt zurückfahren, läßt sich der motorisierte Verkehr schlecht umgehen. Vom Aschenkamp kommend biegen wir nach rechts in die Hauptstraße ein, folgen an deren Ende der Gifhorner Straße nach rechts und fahren auf ihr immer geradeaus über Rühme in die Stadt. Wenn die Gifhorner Straße Eisenbahngleise überquert – auf der linken Seite beginnt das Gelände des VW-Werks –, können wir in den Weg nach rechts entlang der Gleise abbiegen. Gut 800 Meter geht es geradeaus am nördlichen Rand der Siedlung „Schwarzer Berg" entlang, dann führt der Weg in einem kleinen Linksbogen auf den uns vertrauten Ölper See zu. Hier haben wir auf unserer Fahrt nach Norden die Stadt verlassen, auf dem gleichen Weg die Oker hinauf kommen wir jetzt zum Ausgangspunkt zurück.

*Die Schunter*

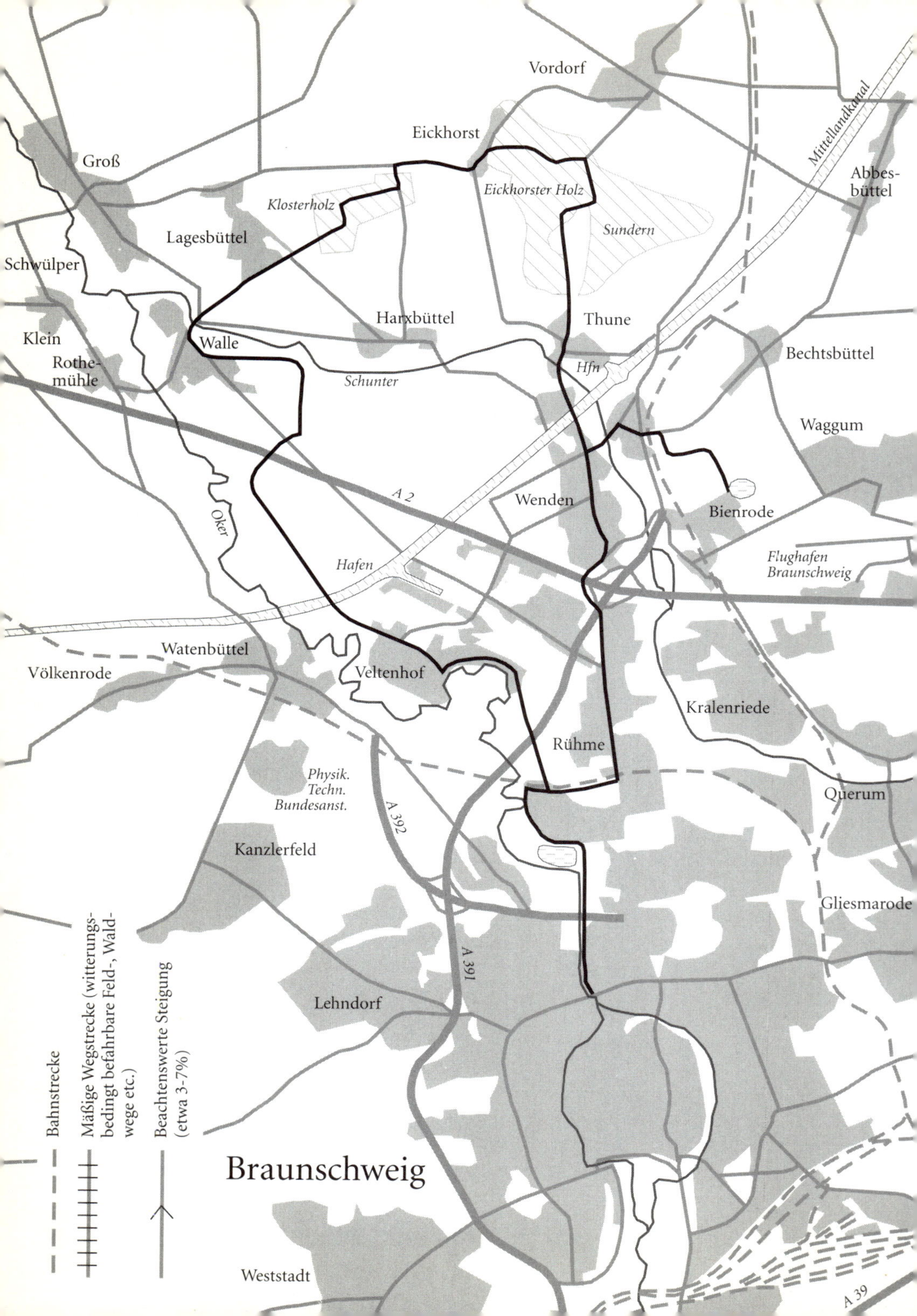

Vordorf
Eickhorst
Groß
Mittellandkanal
Abbes-
büttel
Klosterholz
Eickhorster Holz
Lagesbüttel
Sundern
Schwülper
Harxbüttel
Thune
Klein
Walle
Bechtsbüttel
Rothe-
mühle
Hfn
Schunter
Waggum
A 2
Wenden
Bienrode
Oker
Flughafen
Braunschweig
Hafen
Watenbüttel
Völkenrode
Veltenhof
Kralenriede
Rühme
Physik.
Techn.
Bundesanst.
Querum
A 392
Kanzlerfeld
Gliesmarode
A 391
Lehndorf
Braunschweig
Weststadt
A 39
Bahnstrecke
Mäßige Wegstrecke (witterungs-
bedingt befahrbare Feld-, Wald-
wege etc.)
Beachtenswerte Steigung
(etwa 3-7%)

**Geschichte** In Veltenhof erinnert der Name „Pfälzerstraße" daran, daß der damalige Hof im Jahr 1750 vom Braunschweiger Herzog Karl I. an eine Gruppe Pfälzer Einwanderer übergeben wurde. Erwähnung fand der Hof erstmals im Jahr 1007 als Besitz des Klosters Steterburg, ab 1296 übernahm das Marienhospital das Gelände. Bis zur Übergabe an die Pfälzer war Veltenhof nicht über den Einzelhof hinausgewachsen.

Einwanderer aus der Pfalz wurden vom Herzog regelrecht angeworben. Sie kamen gern nach Braunschweig, hatte man ihnen als Anhänger der Reformierten Kirche in der Löwenstadt doch Religionsfreiheit zugesagt. Karl I. versprach sich durch die Pfälzer den Zuzug von Fachkräften im Wein- und Tabakanbau. Tatsächlich wurden in Veltenhof Tabak und Mais angebaut. 1931 wurde das inzwischen angewachsene Dorf in die Stadt eingemeindet.

Bekannt ist das nördliche Umland Braunschweigs auch durch seinen Spargelanbau. Der sandige Boden ist ein Relikt aus der Eiszeit, als sich die Schmelzwasserströme aus dem Süden am nördlich gelegenen Eis stauten und der Sand sich am Grund des „Stausees" ablagerte. Der Spargel, heute vor allem als frische Ware auf den Braunschweiger Märkten geschätzt, war in der 2. Hälfte des 19. Jahrhunderts Ausgangsprodukt für die schnell wachsende Konservenindustrie. Bis zur Jahrhundertwende entstanden in Braunschweig 34 Konservenfabriken, die Stadt wurde damit zu einem der größten Zentren der deutschen Konservenindustrie. Heute gibt es nur noch zwei Betriebe in Braunschweig – darunter die Marke „Veltenhof".

Wirtschaftliche Bedeutung bekam Veltenhof zusätzlich durch den Anschluß an den Mittellandkanal 1933. Begonnen hatte man 1905 mit dem Bau des Kanals, der den Rhein mit Ems, Weser und Elbe verbinden sollte. Ein zu den Stahlwerken Salzgitter abzweigender Stichkanal wurde 1941 fertig. Heutzutage werden über den Hafen Veltenhof jährlich rund 1 Million Tonnen Güter transportiert.

3

# Ausflug zum Tankumsee

## Elbe-Seitenkanal, Tankumsee und Barnbruch

Zum Tankumsee Gesamtlänge 36 km,
über Barnbruch und Fallersleben 48 km.

*Der Tankumsee zwischen Gifhorn und Wolfsburg ist für viele Menschen unserer Region zum beliebten Ausflugsziel geworden. Baden, grillen, surfen – der See am Elbe-Seitenkanal bietet Gelegenheit für zahlreiche Freizeitaktivitäten. Mit dem Fahrrad radelt man direkt am Mittellandkanal nach Norden; schneller kommen auch die Autofahrer nicht ans Ziel. Wem es zu eintönig ist, auf der gleichen Strecke zurückzufahren, für den hält dieses Kapitel eine sich anschließende Tour durch das Barnbruch und einen Besuch Fallerslebens bereit.*

**Die Strecke** Auf einer Fahrt zum Tankumsee kann man kaum etwas falsch machen. Am einfachsten ist es, nach Norden zum Mittellandkanal zu fahren und an seiner linken Uferseite entlang den abzweigenden Elbe-Seitenkanal zu erreichen. An dessen Uferweg entlang landet man direkt am See.

Den Mittellandkanal steuert man beispielsweise über Rühme, Wenden und Thune an. Allerdings gibt es auch eine Möglichkeit, die stark verkehrsbelastete Ausfallstraße zur Autobahn zu meiden und über Querum und Waggum den Kanal bei Abbesbüttel zu erreichen. Dazu verlassen wir Querum über die Bevenroder Straße, geradeaus in den Waggumer Weg auf den Querumer Forst zu. Dort biegen nach rechts zwei Wege ab. Der eine führt am Waldrand entlang – wir nehmen den anderen und fahren in den Forst. Drei Wege kreuzend geht es durch den Wald, dann mündet unsere Strecke in einen Weg, den wir nach links fahren. An seinem Ende trifft man wieder auf den Waggumer Weg, der Richtung Autobahn und Flughafen führt. Wir fahren auf dem parallel zur Straße verlaufenden Weg bis zur Autobahn, unterqueren diese auf der Straße, biegen dann gleich rechts in die Eckener-Straße. Nach links geht es auf die Grasseler Straße nach Waggum. Hinter dem Flughafengelände folgen wir der Straße „Am Flughafen" nach links und fahren dann in den rechts abzweigenden Weg ab. In gerader Linie kann man Waggum auf dem „Alten Stadtweg" durchfahren, die Rabenrodestraße überqueren und in der Verlängerung „Zum Kahlenberg" nach Norden weiterradeln. Wir kommen an einem Wäldchen vorbei und erreichen, immer geradeaus, Abbesbüttel auf dem „Alten Stadtweg". Die Häuser der kleinen Ortschaft reihen sich an der Hauptstraße („Im Oberdorf" und „Im Unterdorf") auf. Am nördlichen Dorfende biegen wir nach links in die Meiner Straße und überqueren den Mittellandkanal. Nach rechts geht es zum Kanal hinunter, an dem wir nach Norden über Wedelheine entlang fahren. Bei Edesbüttel – auf der anderen Uferseite gelegen – zweigt der Elbe-Seitenkanal ab. An ihm entlang sind es noch rund 4,5 Kilometer bis zum Tankumsee.

Der Elbe-Seitenkanal entstand als Verbindung vom Mittellandkanal zur Elbe in den 70er Jahren. Die Wasserstraße mit ihrer Gesamtlänge von 115 Kilometern wurde 1976 fertiggestellt. Während des Baues wurden große Mengen Sand und Erde benötigt; der Bodenaushub nördlich des Kanals ließ den Tankumsee erstehen.

*Tankumsee*

Somit ist der See das erfreuliche „Abfallprodukt“ der Kanalarbeiten, welches in den Folgejahren zum Erholungsgebiet ausgebaut wurde. Grillplätze, ein Badestrand, Bootsverleih und ein Campingplatz mit über 400 Stellplätzen erwarten den Besucher. Eine angeschlossene Siedlung mit fast 400 Ferienhäusern und ein Hotel tragen ihren Teil dazu bei, in Spitzenzeiten über 10 000 Besucher täglich anzulocken.

Die Rückfahrt kann man wieder am Kanal entlang Richtung Süden antreten, abwechslungsreicher wäre allerdings eine Fahrt durch das Barnbruch und über Fallersleben, die wir im folgenden vorstellen.

Am nördlichen Ende des Sees führt ein Weg unter dem Kanal hindurch auf die andere Seite. Der anschließende Weg führt uns auf gerader Linie durch das Barnbruch, um schließlich in den Holzhofsweg einzumünden. Hier biegen wir nach links und folgen dem Weg in nordöstlicher Richtung. Ein kurzes Stück führt die Strecke am Waldrand entlang, dann geht sie in den „Tiefen Weg“ über, der das Barnbruch in östlicher Längsrichtung durchzieht. Wir fahren auf dem Tiefen Weg entlang immer geradeaus, bis wir – mitten im Naturschutzgebiet! – rechts eine Mülldeponie passieren. Dahinter biegen wir nach rechts auf die Straße „Weyhäuser Weg“ nach Fallersleben. Den Mittellandkanal überquerend erreicht man den Ort, biegt vom Weyhäuser Weg nach rechts auf die Hafenstraße, nach links in die Viehtrifft und über die Eisenbahngleise hinweg ins Stadtinnere. Die Viehtrifft geht geradeaus in den Hofekamp über. Hier schließt sich links das historische Zentrum Fallerslebens an (siehe Geschichte). Wir verlassen Fallersleben, indem wir vom Schloßplatz aus nach Süden den Hofekamp überqueren, auf der Hoffmann-von-Fallersleben-Straße fahren, nach rechts in die Heisestraße biegen und von dort nach links in den Rotekampweg. Geradeaus verlassen wir den Ort. Unsere Strecke mündet auf einen Weg, dem wir nach rechts nach Ehmen folgen.

Über die Fallerslebener Straße biegen wir gleich hinter dem Ortseingang nach rechts auf die Sülfelder Straße, an ihrem Ende nach links auf die Brunsroder Straße. Auf ihr erreicht man Richtung Süden Klein Brunsrode und der Ehmener Straße folgend weiter die Landstraße entlang Groß Brunsrode. Nach Süden durchqueren wir die Ortschaft über die Alte Hauptstraße und verlassen rund 300 Meter hinter dem Ortsgang die Landstraße, indem wir geradeaus den Weg am Waldrand entlang fahren. Südlich von uns liegt hinter den Feldern Lehre, dann biegt der Weg in den Wald ein. Gleich an der ersten Wegkreuzung biegen wir nach links ab und fahren geradeaus, bis die Strecke am Waldrand auf eine Straße trifft. Wir biegen nach links ab und kurz nach der Überquerung von Bahngleisen vor Wendhausen nach rechts Richtung Hondelage. Auf der Hegerdorfstraße in Hondelage biegen wir vor dem Friedhof nach rechts in die Wolfstraße, fahren geradeaus über den Kreyenkamp auf die Tiefe Straße, auf die wir nach rechts einbiegen. Die Straße führt uns in einer Kurve nach Norden aus Hondelage heraus. Richtung Waggumer Flughafen erreichen wir die Grasseler Straße, auf die wir links abbiegen. Nach rechts geht es auf die Eckener Straße an der A 2 entlang, auf dem Waggumer Weg unter der Autobahn hindurch und durch den Querumer Forst in die Stadt zurück.

*Elbe-Seitenkanal*

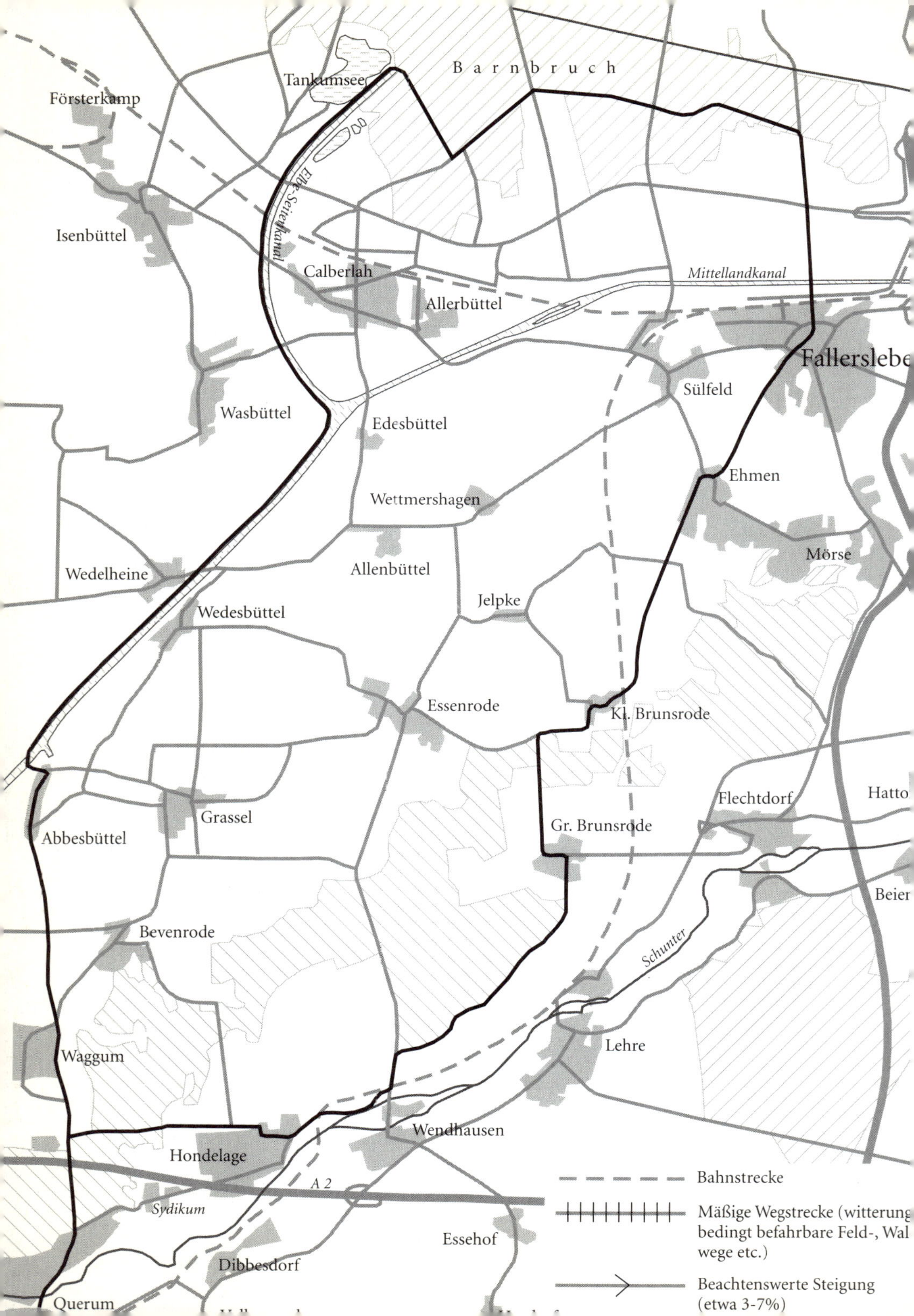
Barnbruch
Tankumsee
Försterkamp
Isenbüttel
Elbe-Seitenkanal
Calberlah
Allerbüttel
Mittellandkanal
Fallerslebe
Sülfeld
Wasbüttel
Edesbüttel
Ehmen
Wettmershagen
Mörse
Wedelheine
Allenbüttel
Jelpke
Wedesbüttel
Essenrode
Kl. Brunsrode
Flechtdorf
Hatto
Grassel
Abbesbüttel
Gr. Brunsrode
Beier
Bevenrode
Schunter
Lehre
Waggum
Wendhausen
Hondelage
A 2
Sydikum
Essehof
Dibbesdorf
Querum
Bahnstrecke
Mäßige Wegstrecke (witterung
bedingt befahrbare Feld-, Wal
wege etc.)
Beachtenswerte Steigung
(etwa 3-7%)

**Geschichte** Auf der Fahrt vom Barnbruch Richtung Süden durchfahren wir Fallersleben. Die Ortschaft ist als Ortsteil der Stadt Wolfsburg angegliedert, kann aber schon auf eine tausendjährige selbstständige Geschichte zurückblicken: bereits im Jahr 942 wurde Fallersleben erwähnt.

1381 ging die Siedlung als Lehen an die Braunschweiger Herzöge, wurde aber 1519 in der Folge der Hildesheimer Stiftsfehde völlig zerstört. Daher ist kein Gebäude aus der Zeit vor dem Wiederaufbau erhalten geblieben, die ältesten Fachwerkhäuser stammen aus dem 16. Jahrhundert. Zu ihnen ist auch das Schloß zu rechnen, welches der Herzog 1539 errichten ließ. Von der Anlage ist ein Wohnhaus von 1551 erhalten geblieben, an dessen Fachwerkbau ein ungewöhnlicher steinerner Treppenturm angegliedert ist.

Bekannt wurde der Ort durch den Dichter August Heinrich Hoffmann, der hier 1798 geboren wurde – daher der ironische Künstlertitel „Hoffmann von Fallersleben". Mit seiner Geburtsstadt hatte Hoffmann später nichts mehr zu tun: er war in Breslau Professor für deutsche Sprache und Literatur, dichtete zahlreiche Volkslieder („Alle Vögel sind schon da") und 1841 auf Helgoland „Deutschland, Deutschland über alles" – damals eine Forderung nach freiheitlicher Demokratie und einem geeinten Deutschland. In einer Zeit monarchistischer Kleinstaaterei mußte dies zu seiner Entlassung führen. Erst 1848 wurde der Dichter rehabilitiert.

▶ Hoffmann Museum
Schloßplatz
Tel: 05362-52623
Di-Fr: 9-17 Uhr
Sa+So: 10-17 Uhr

In Fallersleben ziert eine Tafel („Sein Ruhm ist unvergänglich") das Geburtshaus; im ehemaligen Küsterhaus ist das **Hoffmann-Museum** untergebracht, welches Schriften, Bücher und persönliche Gegenstände des Dichters zeigt.

*Hoffmanns Geburtshaus*

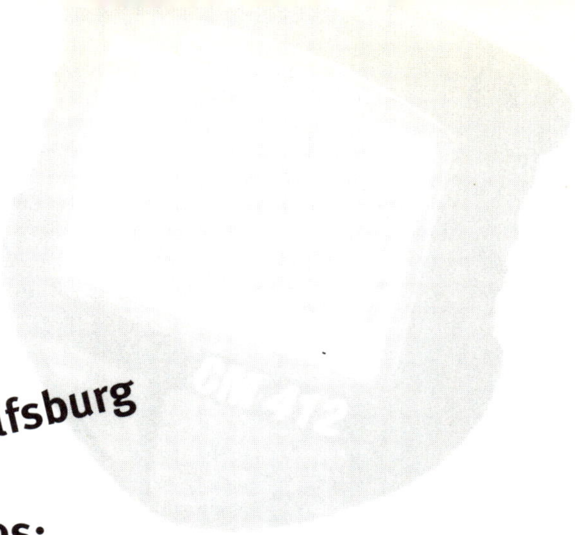

Wolfsburg

# Nicht nur Autos: Die Reize der VW-Stadt

Gesamtstrecke ca. 54 km

4

*Im Jahr 1998 wird das Volkswagen-Werk in Wolfsburg 60 Jahre alt – und mit ihm die Stadt, die man als Wohnstadt an das Werk angliederte. Die Dominanz des Auto-Konzerns hat Wolfsburg bisher ebenso wenig überwinden können wie das Image, eine „Retorten-Stadt" zu sein. Doch unternehmen wir einen Ausflug zu unserer Nachbarin im Norden, entdecken wir jenseits aller Klischees auch ihre Vorzüge: viel Grün in den großzügig angelegten Stadtvierteln, gut ausgebaute Fahrradwege, sowie mit Kunstmuseum und Städtischer Galerie Ausstellungen moderner Kunst, die das Angebot an Museen in der Region vervollständigen.*

**Die Strecke** Unsere Fahrt beginnen wir in Querum auf der Bevenroder Straße nach Norden. Die Bevenroder Straße geht geradeaus in den Waggumer Weg über, auf dem wir den Querumer Forst erreichen. Vom Waggumer Weg biegen nach rechts zwei Wege ab. Der eine führt am Waldrand entlang – wir nehmen den anderen und fahren in den Forst. Drei Wege kreuzend geht es durch den Wald, dann mündet unsere Strecke in einen Weg, den wir nach links fahren. An seinem Ende trifft man wieder auf den Waggumer Weg, der Richtung Autobahn und Flughafen führt. Wir fahren auf dem parallel zur Straße verlaufenden Weg bis zur Autobahn und unterqueren diese auf der Straße. Gleich anschließend geht es nach rechts in die Eckener-Straße. Nach links geht es auf die Grasseler Straße, 200 Meter weiter rechts auf die Tiefe Straße Richtung Hondelage.

Hondelage durchfährt man nördlich über Tiefe Straße, nach links in „Hinter dem Berge", nach rechts in den „Berggarten", nach links auf die Hegerdorfstraße und geradeaus den Ort verlassend Richtung Wendhausen. Auf der Strecke nach Wendhausen überquert man Bahngleise, fährt einige hundert Meter an der Schunter entlang und biegt an der nächsten Kreuzung nach rechts (nach Süden) ab.

Wir erreichen Wendhausen, biegen nach rechts in die Hauptstraße ein, dann nach links in „Im Oberdorf" und an der Berliner Straße (B 248) wieder nach links Richtung Lehre. Wen die vielbefahrene B 248 nicht stört, der kann an ihr entlang weiter bis nach Flechtorf fahren. Ruhiger ist jedoch die Strecke über die südlich verlaufende Landstraße. Dazu biegen wir, nachdem wir etwa einen Kilometer durch Lehre gefahren sind, in die rechts abbiegende Campenstraße ein. Auf ihr gelangt man am Beienroder Holz vorbei nach Flechtorf. Auf der Straße „Zum Schwarzen Kamp" durchfahren wir den südlichen Teil der Ortschaft und biegen nach links in die Alte Braunschweiger Straße, die hier die Schunter überquert. Die Straße schlängelt sich durch den oberen Teil der Ortschaft und mündet schließlich in die Alte Berliner Straße. Wer auf dem kürzeren Weg nach Wolfsburg gelangen will, fährt nach rechts auf der Alten Berliner Straße aus Flechtorf hinaus, folgt der Landstraße nach Norden Richtung Autobahn-Anschlußstelle, überquert die B 248 und fährt auf der Alten

Braunschweiger Straße nach Norden. Der Nachteil: die Straße verläuft rund zwei Kilometer an der A 39 entlang. Der im folgenden beschriebene Umweg durch den Wald ist zwar fast 1,5 Kilometer länger, dafür aber auch schöner.

Dazu biegen wir nach links auf die Alte Berliner Straße ab, unterqueren geradeaus die B 248 und folgen der nach rechts abknickenden Straße etwa 500 Meter. An dieser Stelle biegt die Landstraße nach links Richtung Klein Brunsrode ab. Wir aber fahren geradeaus auf dem Weg zum Flechtorfer Holz hinauf. Der Forst geht in seinem nördlichen Teil ins Hohnstedter Holz über, dahinter liegen Ehmen und Mörse – Gemeinden, die nach der kommunalen Gebietsreform 1972 bereits zu Wolfsburg gehören.

Wenn wir von Flechtorf kommend den Forst erreichen, führt der Weg etwa 300 Meter am Waldrand entlang, dann biegt er nach Norden ins Flechtorfer Holz ein. Dem Weg folgen wir etwa 800 Meter geradeaus, dann biegen wir an einer Kreuzung nach rechts, während kleinere Wege geradeaus und links abzweigen. Immer dem Weg geradeaus folgend geht es rund zwei Kilometer durch das Hohnstedter Holz in einem leichten Bogen nach Nord-Osten. Wenn wir den Wald verlassen, stoßen wir auf die Alte Braunschweiger Straße, die von Flechtorf kommend an der A 39 entlang nach links nach Mörse hineinführt. Geradeaus geht es in die Hattorfer Straße, dann nach rechts in den Feldscheunenweg. In seiner Verlängerung geradeaus überbrückt man die Autobahn und erreicht den Wolfsburger Stadtteil Westhagen.

*Wolfsburger Rathaus*

Geradeaus geht es auf den Stralsunder Ring, nach rechts auf den Dresdener Ring und geradeaus die Frankfurter Straße überquerend in die Suhler Straße. Die Suhler Straße verläuft in einem kleinen Rechts-Bogen zwischen Schulzentrum im Norden und Gewerbegebiet im Süden. Nach rund 600 Metern auf der Suhler Straße biegt nach links ein Weg ab, der uns in den Grüngürtel führt, welcher das „innere" Wolfsburg von Süden umschließt. Geradeaus geht es durch den Wald. Rechts an unserer Strecke liegt ein Schützenhaus, dann verläßt man den Wald über den Düsterhoopring und erreicht die Siedlung Eichelkamp. Geradeaus überquert man den Hechring und fährt auf der Sauerbruchstraße durch den Ortsteil Klieversberg.

▶ Planetarium
Uhlandstraße 2
Tel. 05361-21939
Vorführungen Mi: 16.30,19 Uhr
Sa/So: 15, 16.30 Uhr

Einen kleinen Park durchquerend geht es nach Norden ins Stadtzentrum. Am nördlichen Ende der Sauerbruchstraße, kurz vor dem nach links abzweigenden Uhlandweg, liegt auf der linken Seite das **Planetarium**. Nach rechts mündet die Straße auf die Braunschweiger Straße, die wir vorsichtig überqueren (an dieser Stelle ist Wolfsburg ganz Autostadt), um auf der anderen Seite auf die Porschestraße zu gelangen. Wenn Wolfsburg eine Art Stadtzentrum hätte, so wäre es hier zu suchen: an der Fußgängerzone liegen Kunstmuseum und Rathaus, zwischen Geschäften Cafés und Restaurants. Von hier aus können wir je nach Interesse verschiedene Richtungen einschlagen.

*Fußgängerzone Porschestraße*

Etwa in Mitte der Porschestraße kreuzt die Pestalozziallee die Fußgängerzone. Der Pestalozziallee nach Osten folgend kommt man auf den Großen Schillerteich zu, den im Osten der Berliner Ring umschließt. Der Ring geht im Norden in die Berliner Brücke über, welche den Mittellandkanal überquert und nach Alt-Wolfsburg zum Schloß führt. Dort sind die Städtische Galerie und das Städtische Museum untergebracht.

▶ Strandbad Allersee
Allerpark
Tel. 05361-63660

▶ Badeland
Allerpark
Tel. 05361-63061
Mo-Fr: 9-22 Uhr
Sa/So: 9-20 Uhr
(5.8.-30.8.96 geschlossen)

Nach Überquerung des Mittellandkanals rechts von der Berliner Brücke abzweigend gelangt man zum **Allersee**, dessen Freibad im Sommer zum Baden einlädt. Bei schlechtem Wetter bietet sich als Alternative das nördlich gelegene **Badeland** mit Wellenbad an.

Näheres zu Schloß und Kunstmuseum im Kapitel Geschichte; im folgenden wird die Rückfahrt beschrieben.

Will man nicht den Weg der Hin- auch für die Rückfahrt einschlagen, so kann man Wolfsburg beispielsweise über Rabenberg und Detmerode verlassen. Wir fahren dazu aus dem Zentrum kommend über die Braunschweiger Straße Richtung Süden und biegen, bevor wir den Forst erreichen, nach links in den Burgwall ab. Nach rechts geht es in die Rabenbergstraße, danach in eine der links abzweigenden Straßen Barnstorfer Weg, Bornhoop oder Am Stemmelteich, die alle in ihrer Verlängerung in den Forst führen. Man fährt rund 400 Meter geradeaus in den Forst, dann gelangt man an eine Wegeskreuzung, auf der man nach rechts abbiegen muß. Immer geradeaus erreicht man Detmerode, biegt nach links in den Karl-Arnold-Ring ein und an der zweiten Abzweigung nach links auf den Schumacher-Ring. Dieser mündet in der John-F-Kennedy-Allee, der wir nach links folgen um schließlich wieder nach links in „An den Hattorfer Teichen" einzubiegen. Am Ende der Straße führt links ein Weg am Waldrand entlang, nach wenigen hundert Metern geradeaus in den Wald hinein. An der nächsten Wegkreuzung biegen wir nach rechts ab und erreichen nach rund 600 Metern die Straße, an der wir links abbiegend nach Hattorf fahren.

Hattorf erreichend geht es rechts in den „Buchenberg" und am Ende der Straße rechts in die Krugstraße. Auf ihr verläßt man Hattorf geradeaus Richtung Flechtorf. In Flechtorf biegt man nach links in die Danziger Straße, dann nach rechts auf die Königsberger Straße. Diese führt auf einen Freidhof zu, vor dem man nach links abbiegt, um die Raiffeisenallee zu erreichen. Wir biegen nach rechts auf die Raiffeisenallee und fahren auf die Alte Braunschweiger Straße zu. Wenn wir ihr nach links (nach Süden) folgen, haben wir die Strecke erreicht, die uns schon von der Hinfahrt vertraut ist. Auf der gleichen Strecke geht es über Lehre, Wendhausen und Hondelage nach Braunschweig zurück.

*Schloß Wolfsburg*

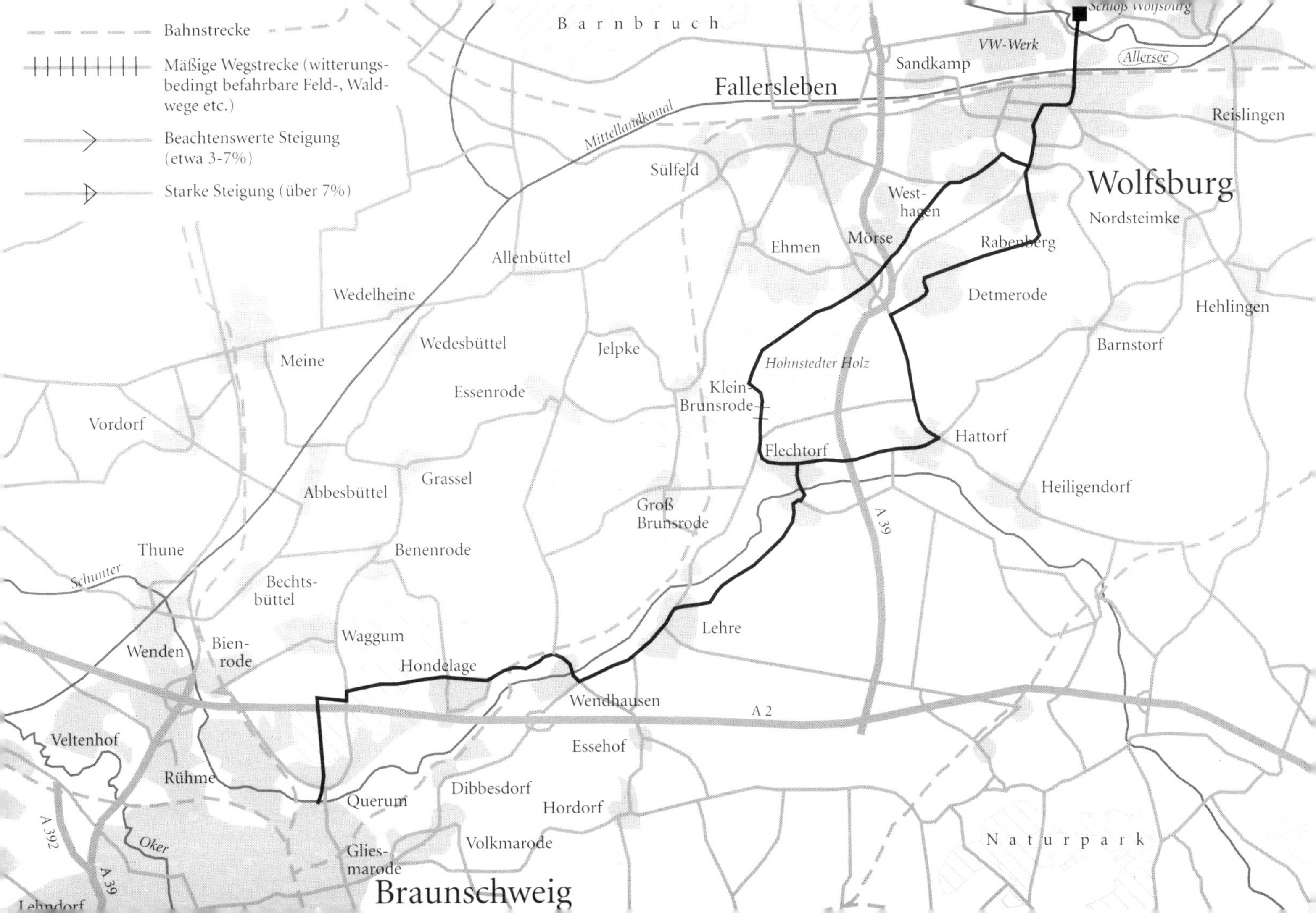

Bahnstrecke
Mäßige Wegstrecke (witterungsbedingt befahrbare Feld-, Waldwege etc.)
Beachtenswerte Steigung (etwa 3-7%)
Starke Steigung (über 7%)
Barnbruch
Schloß Wolfsburg
VW-Werk
Allersee
Sandkamp
Fallersleben
Reislingen
Mittellandkanal
Sülfeld
Wolfsburg
West-hagen
Nordsteimke
Mörse
Ehmen
Rabenberg
Allenbüttel
Detmerode
Wedelheine
Hehlingen
Barnstorf
Wedesbüttel
Jelpke
Meine
Hohnstedter Holz
Klein-Brunsrode
Essenrode
Vordorf
Hattorf
Flechtorf
Grassel
Abbesbüttel
Heiligendorf
Groß Brunsrode
A 39
Thune
Benenrode
Schunter
Bechts-büttel
Lehre
Waggum
Bien-rode
Wenden
Hondelage
Wendhausen
A 2
Veltenhof
Essehof
Rühme
Dibbesdorf
Querum
Hordorf
A 392
Oker
Volkmarode
Glies-marode
Naturpark
A 39
Braunschweig
Lehndorf

**Geschichte** Salzgitter ist mit dem Gründungsjahr 1942 zwar die jüngere Stadt (siehe Kapitel 11), doch wurden in diesem Fall lediglich schon bestehende Gemeinden zusammengeschlossen. Wolfsburg dagegen ist eine reine Neugründung, eine Stadt, errichtet auf der „grünen Wiese", um den Arbeitern des gleichzeitig entstandenen Volkswagenwerkes Wohnraum zu schaffen.

Sicher, die Region um die VW-Stadt hat eine längere Geschichte: Bereits im Jahr 1302 fand der Name Wolfsburg erstmals Erwähnung in einer Urkunde. Bezeichnet wurde so die Burg der Ritter von Bartensleben, eine Anlage, die schon seit Anfang des 12. Jahrhunderts bestand. Aus der Burg ging zu Ende des 16. Jahrhunderts die Schloßanlage hervor, in der heute das **Städtische Museum** (seit 1980) und die **Städtische Galerie** (seit 1974) untergebracht sind. Die Galerie baut seit 1961 eine Sammlung der Gegenwartskunst auf, deren Hauptwerke im Schloß gezeigt werden. Hinzu kommen wechselnde Ausstellungen aus dem Galerie-Bestand von über 4000 Werken sowie Einzelausstellungen moderner Künstler. Die Städtische Galerie verfügt zudem über eine Sammlung von Aquarellen, Zeichnungen und Druckgrafiken, die thematisch mit den ersten Jahrzehnten unseres Jahrhunderts beginnt (Brücke, Bauhaus, ...).

▶ Städtisches Museum
Städtische Galerie
Schloß Wolfsburg
Tel. 05361-282091
Di-Fr, So: 9-17 Uhr
Sa: 13-17 Uhr

Doch zurück ins 14. Jahrhundert: Während die Bartenslebener nördlich der Aller ihre Burg ausbauten und eine zweite bei Vorsfelde von den Welfen als Lehen hielten, setzte der Braunschweiger Herzog bei Neuhaus mit einer eigenen, zwischen 1370 und 1374 errichteten Burganlage eine Art Grenzzeichen gegen die zu selbstbewußten Nachbarn. Die heute am Hausteich gelegene Anlage war ursprünglich eine Wasserburg.

Diese frühen Zeugnisse der Besiedlung kann die Stadt Wolfsburg nicht als „ihre" Wurzeln heranziehen. Ihre Geschichte beginnt vielmehr 1937 mit dem Beschluß, ein Werk für die Produktion des Volkswagens zu errichten. Die Grundsteinlegung des Werkes fand am 26. Mai 1938 statt, am 1. Juli wurde die „Stadt des KdF-Wagens bei Fallersleben" gegründet. Wolfsburgs erste Straßen und Gebäude gehen auf das Dorf Heßlingen zurück, welches südlich des Schlosses, auf der anderen Seite des Mittellandkanals, gelegen war.

Während die Fabrikanlagen sich über 1,5 Kilometer nördlich des Kanals entlang erstrecken, wurde die Stadt südlich angegliedert. Der Entwurf geht auf den österreichischen Architekten Peter Koller zurück, der eine großzügig gegliederte, von zahlreichen Grünanlagen aufgelockerte Stadt plante, die in ihrem Konzept dem Ideal einer Gartenstadt folgen sollte.

Der Ausbau der Stadt kam aber bald ins Stocken. Als das **Volkswagenwerk** 1940 die Produktion aufnehmen konnte, baute man anstelle des Volkswagens Militärfahrzeuge und andere Rüstungsgüter.

▶ Volkswagenwerk
Besucherservice
Tel. 05361-928025
Anmeldung zur Führung
Tel. 05361-924270

Schon sehr früh wurden ausländische Arbeiter für die Errichtung des Werks angeworben. Noch 1938 trafen 2400 italienische Arbeiter ein. Den anfangs freiwilligen Arbeitskräften folgten im Laufe des Krieges Dienstverpflichtete, Kriegsgefangene sowie KZ-Häftlinge, von denen viele unter den schlechten Arbeitsbedingungen zu Tode kamen. Im Jahr 1944 waren im Volkswagenwerk 6000 Deutsche und 11000 Ausländer eingesetzt.

Weil das Werk 1945 von den Besatzungsmächten kaum demontiert wurde, gelang der Stadt ein schneller Wiederaufbau. Noch 1945 baute VW 1785 Fahrzeuge, ab 1947 wurden PKWs exportiert (56 Wagen in die Niederlande), bereits 1950 rollte der 100 000. Wagen vom Band.

*Das Volkswagenwerk*

Das Volkswagenwerk wurde zum Symbol des Wirtschaftswunders, die Stadt profitierte davon und wuchs großzügig. Mittlerweile ist aus dem Volkswagenwerk ein Konzern erwachsen, der international tätig ist. Im Land Niedersachsen ist VW das größte Unternehmen, die wirtschaftliche Entwicklung des Konzerns wird daher in der Region mit besonderer Aufmerksamkeit verfolgt.

Bei der Expansion Wolfsburgs blieb das Konzept Kollers aus dem Jahr 1938 weitgehend erhalten. Weil mit Kriegsbeginn der Stadtausbau unterbrochen worden war, blieb Wolfsburg von geplanten Nazi-Bauten verschont – so etwa der NSDAP-„Ortsburg“ auf dem Klieversberg.

Noch 1938 hatte man als erste Siedlung das Viertel Steimkerberg fertiggestellt, doch mit Kriegsbeginn waren nur noch Barackenunterkünfte gebaut worden. Jetzt konnten nach dem Ideal modernen Bauens die Viertel errichtet werden: großzügige Wohngebiete, umgeben von reichlich Grünfläche, gegliedert in kleine überschaubare Einheiten. Jeder Stadtteil bekam seine eigene soziale Infrastruktur mit Kindergärten, Schulen, Freizeiteinrichtungen, Geschäften. Vernachlässigt wurde dabei das Zentrum. Auch heute kommt rund um die Porschestraße nur schwer Innenstadt-Atmosphäre auf. Zwar liegen an diesem Komplex Stadtverwaltung, Rathaus, Volkshochschule und Kulturzentrum, doch fehlt der historisch gewachsene Kern.

▶ Kunstmuseum
Porschestraße 53
Tel. 05361 - 26690
Di, So: 11-20 Uhr
Mi-Sa: 11-18 Uhr

Mit dem **Kunstmuseum** hat Wolfsburg 1994 einen kulturellen Ort bekommen, der die „Innenstadt“ attraktiver werden ließ. Das Museum mit dem Wal als Wahrzeichen macht schon durch seinen spektakulären, 70 Millionen Mark teuren Bau auf sich aufmerksam, der von der Kunststiftung Volkswagen und der Münchner Holler-Stiftung finanziert wurde. Stahl, Aluminium, viel Glas und etwas Wellblech umschließen 3411 Quadratmeter Ausstellungsfläche. Besonders in Braunschweig sah man mit einigem Neid nach Wolfsburg, ist es der Löwenstadt doch bisher nicht gelungen, eine vergleichbare Stätte für moderne Kunst einzurichten – ein Vorhaben, welches angesichts leerer Kassen wohl bis auf weiteres auch nicht zu realisieren ist.

Das Kunstmuseum, stolz als einer der „modernsten Museumsbauten in Europa“ eröffnet, verfügt über keine Sammlung wie die zu Unrecht etwas in den Hintergrund gerückte Städtische Galerie. Während langsam eine Sammlung aktueller Gegenwartskunst aufgebaut werden soll, will das Kunstmuseum vor allem durch große Namen und wechselnde Ausstellungen auf sich aufmerksam machen.

In Wolfsburg hofft man, die Kultur möge die Dominanz des VW-Werkes in den Hintergrund treten lassen und das

Image der Stadt fördern. Derweil tröstet man sich mit der Feststellung, die Stadt habe angesichts einer erst 60jährigen Geschichte ihre Zukunft noch vor sich. Stadtbaurat Trommer schrieb 1990 im „Exkursionsführer Braunschweig; Vom Harz zur Heide“: „Viele Städte sind monostrukturell entstanden, sei es aus besonderer Verkehrsgunst (Flußübergang), wegen des Fundes von Bodenschätzen usw. und haben sich im Laufe jahrhundertelanger Geschichte zu struktureller Vielfalt entwickelt.“

*Kunstmuseum*

*Kulturhaus*

# Nordöstliche Rundfahrt

## Querumer Forst, Staatsforst Lehre, Riddagshausen

Länge ca. 20 km

5

*Auf unserer Tour fahren wir durch Querum zum Querumer Forst und erreichen nach Unterquerung der Autobahn ein größeres, sich in nordöstlicher Richtung erstreckendes Waldgebiet, dessen Ausläufer bis nach Wolfsburg reichen. In einem Bogen über Lehre und Essehof – hier könnte die Fahrt mit einem Besuch des Tierparks kombiniert werden – gelangen wir über Riddagshausen zurück nach Braunschweig. Bis auf kurze Begegnungen mit dem Straßenverkehr verläuft diese Tour überwiegend auf Wald- und Feldwegen.*

**Die Strecke** Wir verlassen den Stadtring Richtung Osten über Hans-Sommer-Straße und Berliner Straße. Wer aus der Innenstadt kommt, folgt vielleicht alternativ den Straßenbahnschienen über die Gliesmaroder Straße nach Osten oder fährt, noch weiter südlich durch die ruhigeren Wohnstraßen des östlichen Ringgebietes: Roonstraße, Grünewaldstraße, nach Norden auf „An der Wabe". Das Ziel ist immer das gleiche: die Kreuzung der Berliner Straße mit der links abzweigenden Querumer Straße. Links neben der Querumer Straße geht der Karl-Hintze-Weg ab, den wir Richtung Norden fahren. Eisenbahngleise überquerend geht es weiter nach Norden an der Wabe entlang. Nach etwa 800 Metern kommen von links Gleise heran, unseren Weg kreuzt der Pepperstieg, der links über die Gleise führt, rechts über die Wabe nach Querum hinein verläuft. Wir biegen nach rechts ab und fahren geradeaus auf der Essener Straße, welche auf die Bevenroder Straße mündet. Hier fahren wir links nach Norden hinauf. Die Bevenroder Straße geht geradeaus in den Waggumer Weg über. Ihm folgend erreichen wir den Querumer Forst. Nach rechts biegen zwei Wege ab. Der eine führt am Waldrand entlang – wir nehmen den anderen und fahren in den Forst.

Drei Wege kreuzend geht es durch den Wald, dann mündet unsere Strecke in einen Weg, den wir nach links fahren. An seinem Ende trifft man wieder auf den Waggumer Weg, der Richtung Autobahn und Flughafen führt. Wir fahren auf dem parallel zur Straße verlaufenden Weg bis zur Autobahn, unterqueren diese auf der Straße, biegen dann gleich rechts in die Eckener-Straße. Nach links geht es auf die Grasseler Straße, 200 Meter weiter rechts auf die Tiefe Straße Richtung Hondelage. Wir fahren am Wald entlang, bis der Waldrand auf der linken Straßenseite erreicht ist. Dort zweigt ein Weg ab, auf den wir abbiegen. Immer geradeaus geht es in den Forst. Dort gabelt sich die Strecke, beide Varianten laufen aber auf einem weiteren Weg aus, dem wir nach rechts folgen. In leicht geschwungener Linie geht es durch den Wald. Nach rund einem Kilometer knickt der Weg nach links ab. Es folgt eine Gabelung, der wir nach rechts folgen.

Wir schlagen die zweite Abzweigung nach rechts ein und überqueren nach 400 Metern die Straße zwischen Hondelage und Bevenrode. Auf der anderen Straßenseite geht es wieder in den Wald hinein. Dem Weg folgend erreichen wir den Waldrand und fahren nach links Richtung Norden. Immer am Wald entlang geht die Fahrt in einem Bogen nach Nordosten, dann biegt der Weg nach links in den Forst ein. Wir fahren gleich an der ersten Kreuzung nach rechts, immer geradeaus, über die Straße, dann bei der nächsten Gelegenheit nach rechts.

Wenn unser Weg auf einen anderen mündet, biegen wir nach links ab, nach etwa 200 Metern nach rechts. Geradeaus fahrend erreichen wir den Waldrand. Rechts zweigt ein Weg durch die Felder nach Lehre ab. Wir folgen dieser Richtung, bis der Weg auf „Zum Börneken" mündet. Hier biegen wir nach rechts ein, durchfahren Lehre über „Zum Börneken" geradeaus in den Triftweg, nach rechts auf die Berliner Straße (B 248). Gleich hinter dem Ortsausgang biegen wir nach links ab Richtung Essehof. Wir erreichen den Ort, nachdem wir die Autobahnunterführung passiert haben. Richtung Braunschweig führt die Strecke gleich rechts in den Forstweg. Wer noch Zeit hat und nicht schon nach Braunschweig zurück will, kann in Essehof noch den **Tierpark** besuchen. Dazu fährt man die Hordorfer Straße hinunter, biegt nach links in „Im Altdorf" ein und erreicht geradeaus die Zufahrtsstraße „Am Tierpark". Gerade für Familien mit Kindern bietet sich ein Besuch an, jedoch sollte man den nicht mit einer längeren Tour kombinieren. Der Tierpark könnte dazu direkt über unseren Heimweg angesteuert werden.

▶ Tierpark Essehof
Am Tierpark
38165 Lehre
Tel: 0 53 09-8862
Mo-So: 10-18 Uhr

Zurück auf unseren Weg nach Braunschweig: Auf dem Forstweg fährt man am Waldrand entlang, bis der Weg an einer Kreuzung in den Wald hineinführt. An Kreuzungen fahren wir geradeaus, an Gabelungen nehmen wir jeweils den rechts abzweigenden Weg. So erreichen wir den Rand des Dibbesdorfer Holzes und biegen nach links ab. Rechts führt der Weg nach Dibbesdorf, wir aber steuern über Schapen Riddagshausen an. Unsere Fahrt mündet auf den Europawanderweg. Wir biegen nach rechts ein, fahren durch Felder und am Schapener Gräfenhoop, einem kleinen Wäldchen, vorbei. Einige hundert Meter vor Volkmarode folgen wir dem nach links abbiegenden Wanderweg und erreichen Schapen.

Wir überqueren geradeaus die Hordorfer Straße, fahren über den Schradersweg nach rechts in die Weddeler Straße und einem leichten Rechtsbogen folgend geradeaus in die Lindenallee. Die Verlängerung der Lindenallee führt uns direkt auf den Weg, der die Riddagshäuser Teiche nördlich umgeht (siehe Stadtplan Seite 52).

Wer für heute noch nicht genug geradelt ist, kann seine Tour in Riddagshausen und Buchhorst fortsetzen. Dazu gibt das folgende sechste Kapitel Auskunft. Zurück in die Innenstadt gelangt man über Fischerweg und Messeweg auf der Ebertallee. Von hier zweigen auch für Radler geeignete Wege in den Norden und Süden ab. Oder sollten wir die Tour mit einer kleinen Rundfahrt im Prinz-Albrecht-Park ausklingen lassen? ...

*Riddagshausen*

*Querumer Forst*

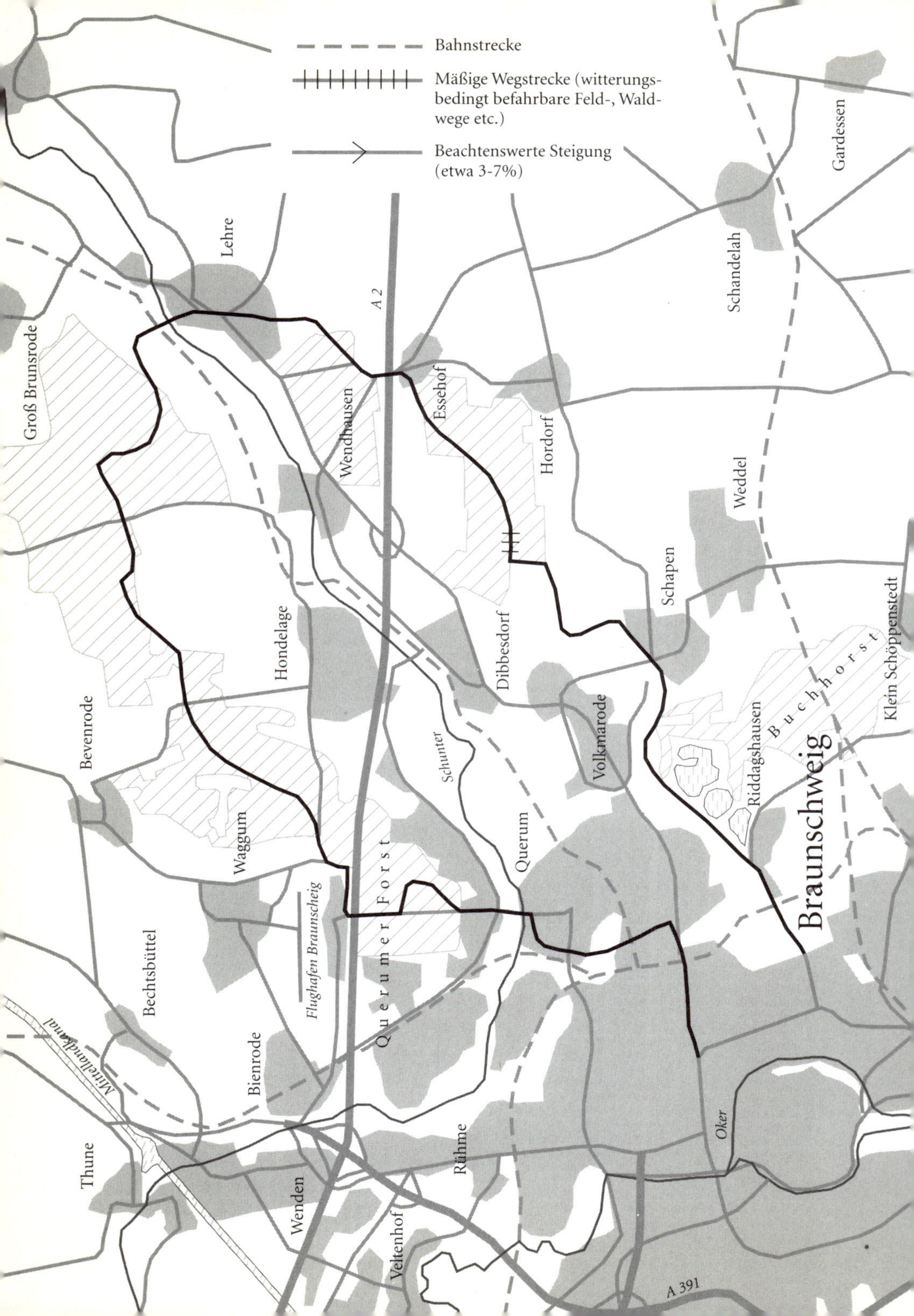
Bahnstrecke
Mäßige Wegstrecke (witterungsbedingt befahrbare Feld-, Waldwege etc.)
Beachtenswerte Steigung (etwa 3-7%)
Lehre
A 2
Groß Brunsrode
Wendhausen
Essehof
Hordorf
Gardessen
Schandelah
Weddel
Schapen
Hondelage
Dibbesdorf
Volkmarode
Bevenrode
Schunter
Riddagshausen
Buchhorst
Klein Schöppenstedt
Braunschweig
Waggum
Querum
Querumer Forst
Flughafen Braunscheig
Bechtsbüttel
Bienrode
Mittellandkanal
Thune
Wenden
Rühme
Veltenhof
Oker
A 391

**Die Landschaft** Bereits in Kapitel 2 wird auf die sandigen Böden im nördlichen Umland eingegangen. Auch im Raum Waggum finden sich diese Flächen, welche während der Eiszeiten aus Ablagerungen entstanden, die die Schmelzwasserströme mitbrachten. Landwirtschaftlich werden solche Flächen für den Anbau von Spargel und Kartoffeln genutzt.

Im Querumer Forst herrschen sogenannte Hochflächensedimente vor, Ablagerungen aus der letzten Eiszeit, die aber mit höchstens 1,50 Metern Tiefe recht schwach sind. Darunter liegt eine Tonschicht, die das Versickern von Regen und das Aufsteigen von Grundwasser verhindert. Auf diesen staunassen Böden wächst Laubwald. Wahrscheinlich sind der Querumer Forst und die anderen nördlichen Waldflächen über die Jahrhunderte nur erhalten geblieben, weil sich die Böden für eine landwirtschaftliche Nutzung nicht eignen.

Eine andere Art von Boden findet man im Bereich der Schunter. Hier flossen in der letzten Eiszeit große Wasserströme, die fünf bis acht Meter starke Talsand-Ablagerungen mitbrachten. Die Talsande erstrecken sich über 100 bis 400 Meter Breite und bilden die heutigen Schunterniederungen. Diese Bereiche sind stark den Grundwasserschwankungen unterworfen, es können in nassen Jahren Sümpfe entstehen. Die Schunterniederungen sind daher ebenfalls wenig zur landwirtschaftlichen Nutzung geeignet; seit dem Mittelalter dienten die Wiesen als Weideflächen.

Querum befand sich lange Zeit im Besitz des Zisterzienser-Klosters Riddagshausen, dazu gehörte auch der Wald. Die Querumer mußten von dort ihr Nutz- und Brennholz kaufen. Erst in der zweiten Hälfte des letzten Jahrhunderts wurden im Verlauf der Separation die Bauern von ihrem ehemaligen Grundherrn unabhängig und zu Eigentümern der von ihnen bestellten Flächen. Die Landwirtschaft ging bis in unsere Tage beständig zurück, aus dem 1934 eingemeindeten Ort ist eine Stadtrandsiedlung geworden, die in den 50er und 60er Jahren ihr heutiges Erscheinungsbild bekam.

# Riddagshausen: Auf den Spuren der Mönche

Rundfahrt ca. 10 km,
einschließlich Buchhorst ca. 16 km

6

*Im 12. Jahrhundert errichteten die Zisterzienser-Mönche in Riddagshausen ihr Kloster und legten in dem ehemals sumpfigen Gelände die Fischteiche an. Dank der Randlage und zurückhaltender Bebauung ist das Gebiet in seinen Grundzügen auch jetzt, rund 850 Jahre später, erhalten geblieben.*

*Heutzutage treffen in Riddagshausen Interessen aufeinander, die eigentlich gegensätzlicher Natur sind: Zum einen ist Riddagshausen ein Naherholungsgebiet, welches besonders an den Wochenenden als Publikumsmagnet die Braunschweiger anzieht. Zum anderen ist es Naturschutzgebiet und Europareservat, welches zahlreichen Vögeln und Amphibien den knapper werdenden Lebensraum erhalten soll. Beide wichtige Funktionen kann das Gebiet erfüllen, wenn sich Besucher zurückhaltend durch die Natur bewegen.*

**Die Strecke** Die Hauptverkehrsstrecke nach Riddagshausen verläuft durch den Prinz-Albrecht-Park auf der Ebertallee. Gerade deshalb sollten wir diese Straße meiden und auf der südlichen Parallele nach Riddagshausen gelangen. Dazu fährt man aus der Innenstadt kommend die Georg-Westermann-Allee nach Osten. Die Straße hat keinen Radweg, aber im Prinz-Albrecht-Park verläuft parallel ein Fuß-/Radweg. Hinter den Bahngleisen biegen wir nach rechts in den Brodweg und gleich links in den Riddagshäuser Weg. Zwischen Sportplatz und Kleingarten-Vereinen geht die Fahrt Richtung Klosteranlage, man überquert Mittelriede und Wabe. Auf halber Strecke sehen wir rechts auf der Lünischhöhe eine 300 Jahre alte **Bockwindmühle** stehen. Sie stammt aus Remlingen an der Asse und wurde erst 1979 nach Riddagshausen gebracht.

▶ Bockwindmühle zu besichtigen Sa: 15-18 Uhr, So: 10-12 Uhr sowie nach Vereinbarung

Der Riddagshäuser Weg geht geradeaus in den Klostergang über. Dieser führt durch ein schmiedeeisernes Tor in den inneren Bereich des früheren Zisterzienser-Klosters (näheres dazu unter der Rubrik Geschichte). Die Klosterkirche und das kleine Museum laden zu einem Besuch ein, danach verläßt man das Gelände durch das ehemalige Klostertor nach Norden. Wir fahren den Kreuzgang geradeaus zum Kreuzteich hoch (eventuell vorsichtig auf dem Fußweg fahren bzw. absteigen; die Straße ist eine Einbahnstraße aus der Gegenrichtung!). Wenn man die Ebertallee überquert, führt geradeaus der Dr.-Willke-Weg zwischen Kreuzteich und Neuem Bleeksteich entlang. Hier verläuft vor allem an den Wochenenden der Hauptbesucherstrom an Spaziergängern. Mit dem Rad sollten wir nach links abbiegen und außen um den Kreuzteich herumfahren. Ein paar hundert Meter verläuft der Radweg zwischen Straße und Kreuzteich, dann biegen wir nach rechts in den Fischerweg ein und betreten damit das Naturschutzgebiet. Ab hier gilt besonders: auf den Wegen bleiben, nicht per Mountainbike durchs Gelände pflügen, keine Pflanzen mitnehmen!

Wir fahren im gesamten Gebiet von Riddagshausen auf Wanderwegen, auf die zahlreichen Spaziergänger ist daher Rücksicht zu nehmen. Will man von der Tier- und Pflanzenwelt etwas sehen, muß man aber sowieso langsam fahren und den Blick schweifen lassen.

Dem Kreuzteich folgt der etwa gleich große Mittelteich. Hinter dem Mittelteich läuft der Weg in einer Schleife zurück zum Ausgangspunkt. In alten Karten ist noch ein Weg nördlich des Schapenbruchteichs zum Reinertsteich eingezeichnet, dieser wurde jedoch inzwischen aufgehoben (siehe unseren Plan auf Seite 52), um der Vogelwelt eine größere Ruhezone zu schaffen. Mit dem Rad umfährt man das Gebiet am besten in einem großen nördlichen Bogen. Dazu biegt man vom Fischerweg nach links über die kleine Holzbrücke ab; der schmale Weg führt zum Stadtteil Gliesmarode. Wir schneiden kurz die Straße „Am Hasselteich" in Gliesmarode, dann führt die Strecke auch schon nach rechts durch Wiesen nach Nord-Osten.

*Am Mittelteich*

Vom Naturschutzgebiet am Schapenbruchteich sieht man hinter den Wiesen den nördlichen Rand, der mit Bäumen und Büschen bewachsen die Brutstätten der Vögel abschirmt. Gelegentlich zieht ein Greifvogel seine Kreise, doch außer dem Gezwitscher der Vögel wird der Radler in diesem Bereich wenig von der Vogelwelt wahrnehmen können.

Fährt man auf dem Weg weiter nach Osten, gelangt man an die Ausläufer des Stadtteils Schapen. Kurz vor der Siedlung biegt der Weg nach rechts ab nach Süden. Hier fahren wir am östlichen Rand des Naturschutzgebietes entlang. Links säumen Büsche den Weg, rechts sehen wir die mit Bäumen durchsetzte Sumpflandschaft. In diesem Teil der Strecke müssen wir uns entscheiden: geradeaus geht es weiter nach Süden in die Buchhorst hinein, ein sich rund zwei Kilometer nach Süden erstreckendes Landschaftsschutzgebiet; nach rechts abbiegend in den Dr.-Willke-Weg kommen wir dagegen zum Ausgangspunkt unserer Teich-Umrundung zurück.

Entscheidet man sich für die kurze Strecke, fährt man am besten über die Ebertallee Richtung Innenstadt und radelt noch ein wenig durch den Prinz-Albrecht-Park. Diesen rund hundert Jahre alten Park (früher Exerzierplatz) kann man als schöne Ergänzung zur Tour durch Riddagshausen ansehen: Während wir in Riddagshausen eine überwiegend „freie" Natur erlebt haben, durchfahren wir im Park ein wenn auch naturnahes, so doch geplantes waldähnliches Gebiet.

Als längere Variante bietet sich eine Fahrt durch die Buchhorst an. Der Forst erstreckt sich bis nach Klein-Schöppenstedt. Man trifft dort allerdings auf die Helmstedter Straße (B 1). Zwar kann man an ihr entlang nach Braunschweig zurückfahren, doch ist die stark befahrene Strecke recht unattraktiv. Hat man die Buchhorst in der Mitte durchfahren, bietet es sich eher an, östlich oder westlich am Waldrand nach Norden nach Riddagshausen zurückzukehren. Im oberen Westteil der Buchhorst kann man in einem Freigehege Dam- und Rotwild sehen, südlich des Geheges an der Ebert-Allee befindet sich das Arboretum, ein 1838 gegründeter Forstgarten, in dem neben einheimischen Arten u.a. amerikanische und sibirische Eichen und japanische Lärchen gepflanzt wurden. Nach Norden die Buchhorst durchfahrend (oder schneller an der Ebert-Allee entlang) kommt man dann wieder nach Riddagshausen zurück.

*Klosterkirche Riddagshausen*

Gliesmarode
Städt. Baumschulen
Riddagshausen
Buchhorst
Stadtforst Braunschweig
Staatsforst Braunschweig
Schapenbruch-teich
Mittelteich
Kreuzteich
Fischerhaus
Reinerts-teich
Ziegelkamp-teich
Jürgens-teich
Wiedigs-teich
Hopfenteich
Lages-teich
Spitzer Teich
Kaule-teich
Lünisch-teich
Dr.-Willke-Weg
Nehrkornweg
Der Schwarze Weg
Wildpark
Whs. Grüner Jäger
Kleidersellerweg
Klosterkirche
Stadtgärtnerei
Mus.
Försterei
Klostergang
Ebertallee
Messeweg
Berliner Str.
Biologische Bundesanstalt
Am Hasselteich
Schopenhauerstr.
Im Schapenkamp
Höhenblick
Friedensallee
Dernburgstr.
Am Hohen Felde
An der Wabe
Tafelmaker-weg
Am Nußberg
Nußberg
Gänsekamp
Teichblick
Sportpl.
Prinz-Albrecht-Park
Freie-Turner-Stadion
Polizei-Stadion
Georg-Westermann-Allee
Riddagshäuser Weg
Lünischhöhe
Am Triangel
Am Lünischteich
Stresemannstr.
Brodweg
Hauptfriedhof
Krematorium
Hösewég
Ole Abdiek
Weddeler Gra
Lindenallee
Schapenbruch
Schapenstr.
Am Rübenberg
Am Hegen
Buchhorstbl.
Bf. BS-Gliesmarode
BBS
Bad
Am Soolanger
Grünewaldstr.
Kurze kamp str.
Staatstheater Kl. Haus
Franzsches Feld
Westermann
Sch.

**Die Landschaft** Für den Besucher entsteht der Eindruck, in Riddagshausen ein noch unberührtes Stück Natur zu erleben. Tatsächlich aber wurde die ehemalige Bruchlandschaft seit der ersten Hälfte des 12. Jahrhunderts von Zisterzienser-Mönchen bewirtschaftet. Sie legten die Fischteiche an, rodeten große Teile des Waldes, wandelten Sumpf- in Ackerland und Wiesen um. Im Laufe der Jahrhunderte verfiel ein Teil des Klosterbesitzes, die Natur holte sich „ihren" Besitz zurück.

Früh erkannten die Braunschweiger die Bedeutung dieser vielseitigen Naturlandschaft. Beobachtungen der Vogelwelt sind seit über 150 Jahren dokumentiert, Naturschützer retteten das Gebiet vor geplanter Bebauung. Besonders Dr. Otto Willke, ein praktischer Arzt aus Braunschweig, ist dabei zu nennen. Er hatte 1913 eine Ortsgruppe des „Deutschen Bundes für Naturschutz" gegründet und war seit 1933 Landesbeauftragter für Naturschutz. Unter seiner Beteiligung wurde das Gebiet Riddagshausen 1936 offiziell zum Naturschutzgebiet erklärt.

Das Naturschutzgebiet umfaßt heute insgesamt 478 Hektar. Es besteht aus abwechslungsreicher Wald-, Teich- und Sumpflandschaft. Von den elf Teichen Riddagshausens ist der Schapenbruchteich mit 63 Hektar Größe der bedeutenste, allerdings sind etwa drei Viertel seiner Fläche verlandet. Dieser Teil des Naturschutzgebietes bietet vielen der fast einhundert Vogelarten ideale Brutbedingungen. In den Zeiten des Vogelzuges dient Riddagshausen außerdem durchziehenden Arten als Rastplatz. Auch Frösche, Kröten, Eidechsen, ... wissen das sumpfige Gelände zu schätzen. Um den Tieren ausreichende Ruhezonen zu schaffen, wurde ein früher nördlich zum Reinertsteich führender Weg aufgehoben. Die Spaziergänger werden jetzt in größerem Bogen um den Teich geleitet.

Stockente und Bleßhuhn sind die beiden häufigsten Vogelarten in Riddagshausen. Ab 1966 wurden auch die bereits verschwundenen Graugänse wieder angesiedelt. Eher selten wird man die Rohrsänger, Haubentaucher, Teichhühner, Reiher und viele andere Arten zu Gesicht bekommen. Der Vogelfreund muß dazu schon mit Fernglas und Bestimmungsbuch geduldig um die Teiche ziehen. Verboten ist es, die Wege zu verlassen und ins Gelände vorzudringen. Die Tierwelt ist auch so schon durch die zahlreichen Spaziergänger genug belastet.

Besser zugänglich ist die Buchhorst im Süden des Naturschutzgebietes. Dieser Wald ist unterhalb der Eisenbahngleise „nur“ Landschaftsschutzgebiet. Früher wurde der Wald dem Vieh zum Weiden überlassen, seit rund hundert Jahren hat man den Staatsforst zu einem Laubmischwald umgestaltet. Heute finden sich in der Buchhorst Eichen, Birken, Buchen und Nadelhölzer. Einen kleinen wissenschaftlichen Forstgarten gründete Prof. Hartig vom Collegium Carolinum 1838. Das sogenannte Arboretum vereint Gehölze aus der ganzen Welt. Nördlich der „botanischen Sammlung“, gegenüber der Gaststätte „Zum grünen Jäger“, befindet sich ein „Wildpark“ – ein rund 800 Meter langes Gehege mit Dam- und Rotwild.

*Der Kreuzteich*

*Fischerweg*

Fischerhaus

**Geschichte** Die Geschichte Riddagshausens ist untrennbar mit dem ehemaligen Zisterzienser-Kloster verbunden. Die Mönche waren es, welche die unzugängliche und bis ins 12. Jahrhundert hinein brachliegende Bruchlandschaft kultivierten.

Der Orden der Zisterzienser hatte sich als Reformbewegung aus den Benediktinern Ende des 11. Jahrhunderts in Citeaux gebildet und expandierte zu Beginn des 12. Jahrhunderts sehr schnell in fast alle europäische Nachbarländer. In Amelungsborn bei Holzminden errichteten die Zisterzienser 1135 ein Kloster, von hier aus zogen Mönche zehn Jahre später nach Riddagshausen. Das Kloster bei Braunschweig war bereits die 212. Abtei. Im Jahr 1243 gründeten die Riddagshausener ihrerseits eine Niederlassung in Isenhagen. Ludolf von Wenden war der Stifter des Riddagshausener Klosters, nach der Schenkung trat er selbst dem Orden bei. Auch in Heinrich dem Löwen fanden die Mönche einen Unterstützer. Das Riddagshäuser Kloster konnte seine Ländereien bis ins 14. Jahrhundert stetig nach Norden erweitern, beispielsweise nach Querum und Hondelage. Schließlich umfaßte der Klosterbesitz 3750 Hektar Land.

*Historisches Bauernhaus*

Die Aktivitäten der Zisterzienser wurden nicht ohne Argwohn betrachtet. Als die Reformation in den 20er Jahren des 16. Jahrhunderts in Braunschweig Fuß faßte, geriet das Kloster in die Auseinandersetzungen zwischen evangelischer Stadt und katholischen Fürsten. Es kam wie im übrigen Reich auch in Riddagshausen zu Zerstörungen und Plünderungen. Viele Zisterzienser-Klöster wurden aufgelöst. In Riddagshausen retteten die Mönche zumindest Teile ihres Besitzes, indem sie das Kloster zu einer Klosterschule umwandelten. „Das waren zukunftsweisende Zielsetzungen für das Kloster und zugleich wichtige Zusagen für seinen Besitzstand, ein Auftrag, der einen neuen Anfang versprach", schreibt Gottfried Zimmermann in seiner Erläuterung zu Heinrich Meiboms Riddagshausen-Chronik: „In der Klosterschule sollte sich klösterlicher Lebensstil mit dem reformatorisch-humanistischen Bildungsziel verbinden (...)." Zum Ende des Dreißigjährigen Krieges wurde das Kloster in eine Domäne

*Klostertor*

gewandelt, die Ländereien wurden verpachtet. Nach und nach ging der Besitz verloren. 1822 wurden Klosterdomäne und der anliegende Ort Neuhof zur Gemeinde Riddagshausen-Neuhof vereinigt, diese wiederum 1934 der Stadt Braunschweig eingemeindet.

Der frühere Klosterbezirk ist noch in Teilen erhalten. Dazu zählen neben der Abteikirche die Klostermauer, die den gesamten Bereich umschließt und das Klostertor aus dem 13. Jahrhundert. Teile des Torgebäudes stammen noch aus dem 12. Jahrhundert und sind damit die ältesten Zeugnisse der gesamten Anlage. Das Tor war mit einem Pförtner besetzt. Fremde durften die große Abteikirche nicht betreten, für sie gab es eine kleine dem Pförtnerhaus angeschlossene Kapelle. Der kleine Rundbogen im Tor bildete ursprünglich den Eingang zu Gästezimmern für Pilger und Arme. Heute ist in dem Torgebäude das **Kloster-Museum** untergebracht, welches über die Zisterzienser allgemein und die Geschichte der Riddagshäuser Abtei informiert.

▶ Klostermuseum
Tel: 05 31-37 22 53
Mi: 10-17 Uhr
Sa: 12-18 Uhr
So: 12-17 Uhr

Der ehemalige Wirtschaftshof mit Fachwerkhäusern, Stallungen und Scheunen wurde zu einem Fortbildungszentrum des Volkswagenwerks umgebaut, dem „V.A.G. Marketing-Managment-Institut".

Von der eigentlichen Klosteranlage ist nur noch die **Kirche** erhalten geblieben. Mit dem Bau wurde um das Jahr 1220 begonnen, man errichtete zuerst Chor und Chorumgang und baute dann das Langhaus nach Westen weiter. Verwendet wurden Rogenstein vom Nußberg und Kalkstein aus dem Elm. Die Einweihung fand 1275 statt.

▶ Klosterkirche
Di-Sa: 10-16Uhr
So: 12-16 Uhr
Mo geschlossen

Die Architektur ist einfach und schmucklos gehalten. Auffällig an Zisterzienser-Kirchen ist der Verzicht auf einen Glockenturm. Die Klosterkirche besitzt lediglich einen hölzernen Dachreiter mit Glocke über der Vierung, der aus dem 17. Jahrhundert stammt. Dem Chor und Querhaus schließt sich nach Osten ein Chorumgang an, der wiederum von einem Kranz von 14 kleinen Kapellen umgeben ist. In die Kapellen konnten sich die Mönche zur Andacht zurückziehen. Aus dieser Gliederung ergeben sich Stufen, aus denen sich der hohe Chor hervorhebt. Der rechteckige Chor mit seiner Kreuzrippenwölbung in der Vierung steht im Zentrum der Anlage. Das in das Mittelschiff führende Portal im

Westen (heute verschlossen) ist am großzügigsten geschmückt. Eine Madonna mit Jesuskind von 1270 krönt den Bogen über dem spitz zulaufenden doppeltürigen Portal. Der eigentliche Zugang für die Mönche ist noch außen am südlichen Querhaus zu erkennen. Hier schloß sich einst die große Abtei mit Sälen, Bibliothek, Kreuzgang und Schlafräumen der Mönche an, die heute nur noch auf Zeichnungen und in Modellen überliefert ist. Die Gebäude wurden 1852/53 abgebrochen.

Die Ausstattung der Kirche ist wesentlich jünger als die Architektur. Dazu zählen der Taufstein von 1562, die Kanzel von 1622 und der barocke Hochaltar von 1735, welcher 1975 nach Restaurierungen neu aufgestellt wurde. Auf dem Gelände der früheren Abtei befindet sich heute südlich der Kirche das „Haus kirchlicher Dienste" der ev.-luth. Landeskirche. Auffällig ist das reich verzierte Portal: es stand früher am Südklint 15 als Bestandteil eines Patrizierhauses.

Bockwindmühle und Patriziertor sind nicht die einzigen „Importe" in Riddagshausen: Westlich der Klostermauern, nur zwei Straßen weiter „Zwischen den Bächen", findet man sechs umgesetzte Bauernhäuser aus dem Zeitraum 16. - 18. Jahrhundert.

*Toranlage, rechts das angeschlossene Museum*

Wiedigsteich

Klostergang, Blick von Norden

Dachreiter auf der Klosterkirche

# Go East: Über den Dorm ins ehemalige Zonenrandgebiet

Rundfahrt über den Dorm 50 km,
Fahrt nach Helmstedt 35 km

7

*Östlich von Braunschweig beginnt der Naturpark Elm-Lappwald. Das Land ist noch flach, der Elm zeichnet sich als dunkler Höhenzug im Süden ab. Eine dörfliche Welt kleiner Ortschaften, Wiesen, Felder und kleine Wäldchen prägen die Landschaft. Die vorgeschlagene Strecke eignet sich für fortgeschrittene Radler, die längere Touren fahren wollen, ohne sich gleich in die steilen Hänge des Elms wagen zu müssen. Noch läßt sich ein zusammenhängender Raum erleben; in einigen Jahren wird die in Bau befindliche A39 östlich von Schandelah die Landschaft in Nord-Süd-Richtung zerschneiden. Über den Dorm führt unsere Strecke in einer südlichen Schleife über Süpplingenburg. Als Variante bietet sich eine Tour nach Helmstedt an, zurück geht's dann aber per Zug.*

**Die Strecke** Aus der Innenstadt kommend verlassen wir Braunschweig im nord-östlichen Ringgebiet über die Hans-Sommer-Straße und Berliner Straße. Der Weg führt uns durch den Ortsteil Gliesmarode. Vor Volkmarode biegen wir in die rechts abzweigende Hordorfer Straße, auf der wir Schapen durchfahren. Der Straße immer geradeaus Richtung Hordorf folgend, führt die Strecke durch ein kleines Wäldchen („Schapener Gräfenhoop") und über den Sandbach nach Hordorf.

▶ Tierpark Essehof
Am Tierpark
38165 Lehre
Tel. 05309-8862
Mo-So: 10-18 Uhr,

Einschub: Wer mit Kindern unterwegs ist, sollte einmal den **Tierpark** in Essehof besuchen. Dazu biegen wir in Hordorf von der Zollstraße nach links in die Essehofer Straße ein und gelangen Richtung Norden nach Essehof. Unsere Fahrt führt leider auf der Straße entlang. Wer den Tierpark per Rad erreichen will, kann aber auch von Braunschweig kommend über Volkmarode durch das Dibbesdorfer Holz fahren und dem Autoverkehr so ausweichen. Ein Besuch im Tierpark Essehof macht Spaß und dauert lange. Nicht in diese Tour integrieren! Besser ist es, den Besuch als gesonderten Ausflug zu planen.

Aber zurück auf unseren Rundkurs: Hordorf durchfahren wir auf der Zollstraße und weiter geradeaus Richtung Scheppau. Kurz hinter Wohld, einer kleinen, wenige Häuser umfassenden Siedlung, soll nach den bestehenden Planungen die Verlängerung der A 39 Wolfsburg mit Salzgitter verbinden. Die Autobahn wird Braunschweig im Osten umgehen, verläuft dann südlich von Riddagshausen, um am Südsee in A 39 und A 395 zu münden. Ganz nebenbei wird die landschaftliche Verbindung von Riddagshausen zum östlichen Umland gekappt.

Von Wohld kommend gelangen wir nach Scheppau (Bremsen in Ordnung? Starkes Gefälle!), biegen nach links in das Dörfchen und fahren über „Zum Heeg" und „Zum Rieseberg" weiter nach Osten nach Rieseberg.

Nördlich unserer Strecke fließt die Scheppau, im Süden liegt das Naturschutzgebiet Rieseberg. Die Siedlung Rieseberg ist verwaltungstechnisch ein „Stadtteil" von Königslutter. Am Dorfeingang geht es nach links in den „Riesebergblick" und geradeaus weiter Richtung Ochsendorf. Am Ortseingang überquert man die Schunter. Über „Steimker Straße" geht es rechts in die „Dorfstraße" und gleich wieder rechts in die „Neulandstraße". Richtung Süden geht es, die Schunter rechts von uns, nach Beienrode. Wir fahren geradeaus über „Masch" in die „Steinumer Straße". Kurz vor dem Ortsausgang zweigt links der „Schwarze Weg" ab, in den wir einbiegen, um an seinem Ende nach rechts in den Dormweg zu gelangen. An dieser Stelle ist Kondition nötig, es geht lange bergauf. Die Verlängerung auf einem Feldweg führt uns in gerader Linie in den Dorm hinauf. Der Höhenzug erstreckt sich von Nord-Westen nach Süd-Osten und die meisten Wege folgen dieser Richtung. Zwar ist das Wegenetz im Wald recht verzweigt, doch brauchen wir nur in etwa der südöstlichen Linie folgen, um den Dorm in seiner ganzen Länge von etwa 4 Kilometern zu durchfahren. Erst am Ende des Waldes, wenn es aus den „Höhen" des Höhenzuges langsam ins flache Land hinunter geht, müssen wir uns südlich halten.

*Schunter bei Ochsendorf*

Das Dorf an der Südspitze des Dorms heißt Süpplingenburg. Obwohl man es einer Siedlung dieser Größe nicht zutraut, verfügt es doch über eine historisch interessante Kirche (siehe Geschichte). In Süpplingenburg müssen wir uns entscheiden: entweder fahren wir weiter nach Helmstedt, das durchaus Sehenswertes zu bieten hat, oder wir schlagen den Rückweg über Königslutter ein.

Die Rückfahrt über Königslutter: Wir verlassen Süpplingenburg Richtung Westen auf der Kaiser-Lothar-Srtraße, fahren über Schickelsheim und an Rottorf vorbei nach Königslutter. Näheres zur Stadt Königslutter findet sich im Geschichtsteil von Kapitel 8 (Elm). Über die Rottorfer Straße in die Stadt kommend stoßen wir sogleich auf die Bundesstraße 1. Ihr folgend durchquert man Königslutter. Theoretisch kann man an der B 1 entlang über Bornum und Abbenrode weiterfahren, schöner ist es jedoch, die stark befahrene Straße zu meiden. Dazu biegen wir nach rechts in den Glentorfer Weg, der von der Braunschweiger Straße (B 1) kurz vor dem Ortsausgang abzweigt. Der Glentorfer Weg führt an einem Sägewerk vorbei über Eisenbahngleise, unmittelbar dahinter biegen wir nach links auf einen Weg ab, der ein Stück weit parallel zu den Gleisen verläuft, um schließlich auf

*Echternhai*

Lauingen zu zuführen. Wir durchfahren nur den Süden Lauingens in einem nach Westen führenden Bogen über Lutterstieg, geradeaus in die Kornstraße, geradeaus ins Brückentor. Nach Süden unterqueren wir die Gleise, biegen gleich dahinter rechts ein und gelangen geradeaus nach Bornum. Nach rechts biegen wir in „Am Dorfe" ein, münden in die Dorfstraße und fahren nach rechts am Friedhof vorbei aus Bornum hinaus.

Rund 600 Meter geht es nach Norden, rechts an der Straße liegt ein Sportplatz. Hinter dem Sportplatz zweigt links, also auf der gegenüberliegenden Straßenseite, ein Weg ab. Diesen Weg in westlicher Richtung fahren wir geradeaus, bis er auf eine Straße mündet. Wir biegen nach rechts ab auf einen kleinen Wald, das Heiligenholz, zu. Am Waldrand nehmen wir den nach links abzweigenden Weg und kommen so nach Gardessen. In dem kleinen Dörfchen landet man zwangsläufig auf der Hauptstraße (Am Sandbach) und fährt diese nach rechts nach Norden entlang. Entweder biegt man kurz vor dem Ortsausgang nach links in „Im Meere" ab. Der Weg führt am Sandbach entlang nach Schandelah, ist aber teilweise schlecht zu fahren. Als Alternative bietet sich die Landstraße an. Dazu verläßt man Gardessen über Am Sandbach nach Norden und biegt nach knapp 400 Metern nach links ab. So oder so landet man auf der Gardessener Straße, die nach Schandelah hineinführt. Am Ortseingang passieren wir einen Friedhof. Genau hier soll eines Tages der Verkehr der verlängerten A 39 entlang rauschen. Von der Gardessener Straße biegen wir nach links in die Sandbachstraße, um gleich darauf geradeaus in die „Neue Reihe" abzuzweigen, während die Sandbachstraße in einer Linkskurve Richtung Bahnhof verläuft.

*Vom Dormweg zum Wald*

Auf der „Neuen Reihe" geht es auf den Weddeler Wald zu. An einer Gabelung – die Neue Reihe zweigt nach links ab – nehmen wir den Feldweg geradeaus auf den Wald zu. In einem Rechtsbogen geht es am Waldrand entlang. Der Weg heißt wie sein Ziel: Echternhai. So ist das Wäldchen betitelt, welches wir nun erreichen. Nachdem die letzten Häuser von Schandelah passiert sind, biegt der Weg nach links in den Wald ab. Auf schlechter Strecke geht es in den Wald hinein. Hinter dem Wald erreichen wir Weddel in gerader Linie.

Wer mag, hält sich jetzt nördlich und fährt über die Schapener Straße nach Schapen und dort zum Ausgangspunkt Gliesmarode zurück. Alternativ dazu kann man geradeaus durch Riddagshausen und Prinz-Albrecht-Park die Innenstadt erreichen – schneller und grüner als über Gliesmarode.

Der Abstecher nach Helmstedt: Von Süpplingenburg aus sind es „nur" noch rund 5 Kilometer nach Helmstedt. Will man sich aber dort noch etwas umsehen, so wird die Zeit, die für eine Rückfahrt einzukalkulieren wäre, sehr knapp. An dieser Stelle sei daher ein Besuch Helmstedts nur in Verbindung mit einer Rückfahrt per Bundesbahn empfohlen. Der Bahnhof liegt im Süden, wir können also auf dem Weg dorthin die ganze Stadt durchstreifen. Alternativ könnte man in Helmstedt starten und dann von Süden über Süpplingenburg den Dorm erobern.

*Altstadt Helmstedt*

*Süpplingenburg „Johannis-Kirche"*

*Süpplingenburg „Johannis-Kirche"*

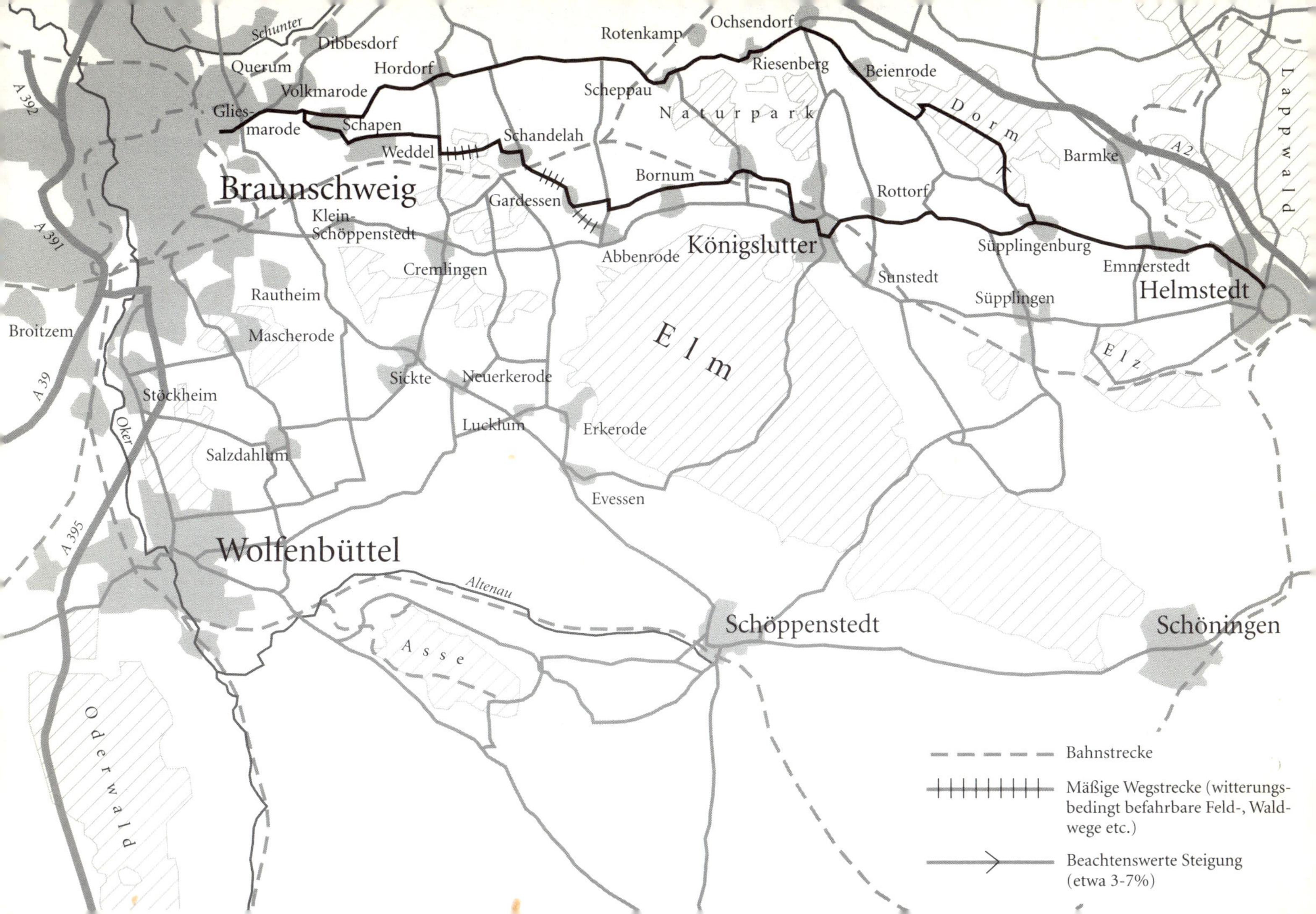
Braunschweig
Wolfenbüttel
Königslutter
Helmstedt
Schöppenstedt
Schöningen
Elm
Asse
Elz
Dorm
Naturpark
Lappwald
Oderwald
Schunter
Oker
Altenau
Dibbesdorf
Querum
Hordorf
Volkmarode
Gliesmarode
Schapen
Weddel
Schandelah
Gardessen
Klein-Schöppenstedt
Cremlingen
Rautheim
Mascherode
Broitzem
Sickte
Neuerkerode
Stöckheim
Lucklum
Salzdahlum
Erkerode
Evessen
Abbenrode
Bornum
Scheppau
Rotenkamp
Ochsendorf
Riesenberg
Beienrode
Barmke
Rottorf
Sunstedt
Süpplingenburg
Süpplingen
Emmerstedt
A 392
A 391
A 39
A 395
A 2
Bahnstrecke
Mäßige Wegstrecke (witterungsbedingt befahrbare Feld-, Waldwege etc.)
Beachtenswerte Steigung (etwa 3-7%)

**Die Landschaft** Im Osten zwischen Braunschweig und Helmstedt geht die Landschaft langsam vom flachen Land über sanfte Erhebungen in Hügel und Berge über. Auf unserer Strecke fahren wir an den Naturschutzgebieten Rieseberg und Rieseberger Moor vorbei zum Dorm.

Zwischen diesem Naturschutzgebiet und Riddagshausen liegen landwirtschaftlich genutzte Flächen, die immer wieder von kleinen Wäldern und Gehölzen unterbrochen sind. Hier haben zahlreiche Vogelarten aus Riddagshausen ihre Rast- und Brutstätten – ein zusammenhängender Lebensraum, der durch die geplante Verlängerung der Autobahn A 39 empfindlich gestört wird.

Die Hügel und Gebirge von Asse, Elm, Elz und Lappwald verlaufen alle von südöstlicher in nordwestlicher Richtung. Sie liegen in etwa parallel zum nördlichen Rand des Harzes, der sogenannten „herzynischen Richtung". Auch auf den Dorm trifft dies zu, den kleinsten Höhenzug im Naturpark Elm-Lappwald. Doch während der Elm fast ausschließlich aus Muschelkalk besteht, treten am Dorm neben Kalk große Flächen Buntsandstein an die Oberfläche. Diese Erdschichten haben dafür gesorgt, daß wir im Dorm keinen reinen Buchenwald, sondern einen Mischwald aus vielen unterschiedlichen Arten vorfinden, darunter ein hoher Eichenbestand. Der Dorm erreicht mit dem 181 Meter hohen Fuchsberg seine höchste Stelle, doch dank des flachen Umlandes reicht diese „Höhe" für eine sehr schöne Aussicht.

*Dorm bei Beienrode*

**Geschichte** Die Radtour dieses Kapitels hat dem historisch interessierten Ausflügler nicht viel zu bieten. Auf der Rückfahrt könnten wir in Königslutter Station machen (siehe dazu Kapitel 8). Ansonsten muß schon Helmstedt als nächste größere Stadt angefahren werden.

Eine Ausnahme sei aber vorab vorgestellt: die Kirche von Süpplingenburg. Der Spitzturm ist schon von weitem zu sehen, wenn wir vom Dorm kommend auf das Dorf zufahren. Verwundert fragt man sich, wie so ein kleiner Ort zu einer solch großen, bedeutenden Kirche gekommen ist. Die Antwort liegt in der Person des Herzogs Lothar von Süpplingenburg; 1125 zum König gewählt, 1133 zum Kaiser des römischen Reiches. Die Kirche befindet sich am ehemaligen Stammsitz der herzoglichen Familie, den Lothar in einen Kanonikerstift umwandelte.

Die Geschichte des Klosters war recht wechselhaft: 1150 übergibt Heinrich der Löwe die Anlage dem Templerorden, nach deren Auflösung 1312 übernehmen die Johanniter bis 1820 die Niederlassung. Die Kirche selbst ist um 1130 als königliche Schenkung entstanden. Der kreuzförmige Kirchenbau besteht aus einem dreijochen Langhaus, einem Querhaus mit Nebenapsiden und einem gerade abgeschlossenen Chor mit Krypta. Der Bau zeigt in der Konstruktion typisch romanische Elemente: massive Mauern, ein mächtiges Gewölbe, ein Aufbau von Lang- und Querhaus nach dem „gebundenen“ quadratischen System und Rundbögen, die zum jeweils nächsten Quadrat überleiten. Verschiedene Umbauten und Ergänzungen haben das klare romanische Prinzip verändert. Das nördliche Seitenschiff etwa ist reich verziert, das südliche blieb schlicht. Der Innenraum des Querschiffes, die Deckengestaltung über dem Altar, ist besonders aufwendig ausgefallen. In der Kuppelmitte treffen sich die Hauptrippen mit Bögen aus den Arkadenspitzen, Querrippen spannen sich zudem von Arkade zu Arkade. An der Südseite hat sich wahrscheinlich ein Kreuzgang an die Kirche angeschlossen, er ist zusammen mit der übrigen Klosteranlage abgebrochen worden.

*Juleum Hauptgebäude*

Helmstedt schlummerte bis zum Ende der 80er Jahre tief im Zonenrand-Schlaf. Die meisten Braunschweiger werden mit der Stadt wohl nur den ehemaligen Grenzübergang zur

*Juleum Hauptgebäude*

DDR, Helmstedt-Marienborn, in Verbindung bringen. Nicht so bekannt ist beispielsweise, daß Helmstedt 1575 das Privileg für seine Julius-Universität verliehen bekam – lange, bevor man in Braunschweig ähnliches zustande brachte!

Wollen wir in Helmstedt nach historischen Spuren suchen, sollten wir für eine Strecke von oder nach Braunschweig den Zug nehmen – mit dem Rad hin und zurück zu fahren, ist dermaßen anstrengend und zeitaufwendig, daß für eine Rundfahrt in Helmstedt selbst keine Zeit mehr bliebe. Die Gründung der Stadt geht vermutlich auf eine Missionsstation um das Jahr 800 zurück, welche unter dem Hl. Ludger, Missionar der Friesen und Sachsen, aufgebaut worden war. Ein Dorf „Helmonstedi", welches westlich der Station gelegen haben soll, wird erstmals 952 genannt – möglich, daß es erst in Zusammenhang mit der Mission entstand. Das Ludgerikloster prägte jedenfalls bis zum Ende des 15. Jahrhunderts die Geschicke Helmstedts.

Einen ersten großen Aufschwung erlebte die Stadt mit der Gründung ihrer Universität 1574, nach Rostock immerhin erst die zweite in Deutschland! Die Vorlesungen fanden anfangs in den „Professorenhäusern" statt. Das Juleum, der erste deutsche Universitäts-Zweckbau nach Vorbild des Colleges in Oxford, wurde 1575 begonnen. Der Baumeister Paul Francke gestaltete von 1592 bis 1597 einen repräsentativen Renaissancebau, bis 1612 durch reichen Figurenschmuck von Jakob Meyerheine ergänzt. Die Universität blieb bis zum Ende des 18. Jahrhunderts bestehen. Als die Studentenzahlen aber immer weiter zurückgingen, schloß man die Bildungsstätte 1809. Damit fand die erste auch wirtschaftlich bedeutsame Phase in der Helmstedter Geschichte ihr Ende. Seit 1971 ist im Juleum das **Kreisheimatmuseum** untergebracht. Das Museum thematisiert die Geschichte des Helmstedter Raumes einschließlich seiner Geologie, wobei natürlich auch die Braunkohle und ihr Abbau einen Schwerpunkt bilden.

▶ Kreisheimatmuseum
Collegienplatz 1
38350 Helmstedt
Tel: 0 53 51-12 12 47
Mo-Fr: 9-11, 15-17 Uhr
Sa: 15-17 Uhr
So: 11-12.30 Uhr

Die zweite Aufschwungphase erlebte Helmstedt in der Zeit der Industrialisierung in der zweiten Hälfte des 19. Jahrhunderts. Die Stadt profitierte vom Bahnanschluß an die Strecke Braunschweig - Magdeburg. Die Kammgarnspinnerei und der Braunkohleabbau wurden wichtige Industriezweige.

Nach dem Krieg ging mit der Teilung Deutschlands die Hälfte des Helmstedter Einzugsgebietes verloren. Als einzige große Industrie blieb der Kohleabbau der Braunschweigischen Kohlebergwerke (BKB). Im Süden pflügte der Tagebau die Landschaft um, die Kraftwerke Buschhaus und Offleben pusteten ihre Emissionen in die Luft. Auf Seiten der DDR trugen das Kraftwerk Harbke und das Atommüllager Morsleben das ihre dazu bei, den Ruf der Landschaft zu ruinieren. Mit dem absehbaren Ende der Kohleförderung hat sich die BKB nach neuen Betätigungsfeldern umgesehen – und ausgerechnet die Müllverbrennung entdeckt!

*St. Marienberg*

Neben dem Juleum wären als wichtige historische Stätten vor allem die evangelischen Kirchen St. Marienberg und St. Stephani sowie das Ludgerikloster zu nennen.

Die Kirche St. Marienberg, im Westen Hildesheims gelegen, gehörte ursprünglich zum 1176 gegründeten Stift der Augustiner-Chorfrauen. Die romanische Pfeilerbasilika beeindruckt durch ihr hohes Langschiff mit flacher Decke. Dem ehemaligen Kloster ist seit 1983 eine **Schatzkammer** angeschlossen, in der man die 1862 entdeckten Paramente und Teppiche zeigt, welche wahrscheinlich im Kloster entstanden sind. Die Exponate stammen aus der Zeit zwischen der Mitte des 13. und dem Ende des 15. Jahrhunderts.

▶ Kloster St. Marienberg
Schatzkammer
Klosterstr. 14
38350 Helmstedt
Tel: 0 53 51-67 69
Öffnungszeiten nach Vereinbarung

Zentral in der Innenstadt liegt die Kirche St. Stephani, die aus der früheren Marktkirche hervorgegangen ist. Der Bau der dreischiffigen Hallenkirche entstand zwischen 1282 und 1333, ist im 15. Jahrhundert allerdings mit höherer Wölbung und größeren Fenstern versehen worden. Der Querriegel mit seiner 1439 begonnenen Turmfront blieb unvollendet. Kanzel, Taufbecken und besonders die Bemalung, welche wie die Glasmalerei erst Anfang dieses Jahrhunderts entstand, sind sehr prächtig ausgefallen.

Die fast tausendjährige Geschichte des ehemaligen Ludgeriklosters ist nur noch in Fragmenten vorzufinden. Dazu gehört die Krypta aus dem 11. Jahrhundert und die zweigeschossige Kapelle, im ehemaligen Klostergarten gelegen. Die

Konventsgebäude stammen aus der ersten Hälfte des 18. Jahrhunderts. Besonders der repräsentative Kaisersaal mit Stuckdekor legt Zeugnis ab von dem späten Reichtum der Abtei. An den früheren Wirtschaftshof erinnert nur noch der Name der Durchgangsstraße, die jetzt hier verläuft: „Am Ludgerihof".

Etwas abseits unserer Strecke liegen die ältesten Zeugnisse in Helmstedt, zu denen man einige hundert Meter an der B 1 nach Westen aus der Stadt hinausfahren muß: die Lübbensteine. Es handelt sich um zwei Steingräber, die im 2. Jahrtausend v. Chr. (Trichterbecherkultur) errichtet wurden. Die Gräber liegen auf der Anhöhe des St. Annen-Berges, man hat von dort einen guten Ausblick ins Umland.

*Lübbensteine*

*St. Ludgeri Gutshof*

# Sportlich ins Grüne: Der Elm

Etwa 48 km bei Rundfahrt
über den Tetzelstein

8

*Der Elm mit seinen sanft aufsteigenden Hängen ist der größte und mit bis zu 322 Metern auch höchste Höhenzug, den wir vom Braunschweiger Umland aus noch gut erreichen können. Durch die relative Abgeschiedenheit im Schatten der deutsch-deutschen Grenze ist der Elm keine touristische Hochburg geworden, auch heute noch bleibt der Naturpark glücklicherweise von allzu starken Besucherströmen verschont. Die Gegend ist dünn besiedelt, der Straßenverkehr nur schwach ausgeprägt. Die schönen Buchenwälder laden zum Wandern und Radfahren ein, allerdings sollten interessierte Radler schon genügend Ausdauer besitzen, denn die zum Teil langen Steigungsstrecken sind nichts für Anfänger. Teilweise fahren wir auf Landstraßen, die mit separaten Radwegen versehen sind. Kurze Stücke müssen allerdings auf der offenen Landstraße ohne entsprechende Radspur gefahren werden.*

**Die Strecke** So mancher Radler mag den Weg in den Elm scheuen, weil bereits rund 15 km zurückzulegen sind, bevor man Erkerode erreicht – und von da ab geht es ja erst richtig ins Reitlingstal hinein, welches tief in den Elm führt und einige starke Steigungen bereithält! Deshalb sei gleich eingangs auf den „FahrradExpress“ der Braunschweiger Verkehrs-AG verwiesen, welcher in den Sommermonaten jeden Sonntag einen Pendeldienst von Braunschweig durch das Reitlingstal nach Königslutter und zurück bietet. Der Ausflugsbus schont die Kräfte, die im Elm aufgebracht werden müssen. Näheres zum Busdienst ist dem Adressenteil im Anhang des Buches zu entnehmen. Wer allerdings sich und sein Rad in guter Form weiß, fährt tapfer folgende Strecke:

Wie alle Fahrten in den Süden verlassen wir die Innenstadt über das Messegelände (Eisenbütteler Straße) an der Oker entlang. Hinter dem Kennelbad überqueren wir die Oker nach links in den Richmondweg, biegen gleich darauf nach rechts in den Park ein und fahren zwischen Schloß Richmond und Oker entlang. Links führt uns der Weg Richtung Heidberg, unter der Wolfenbüttler Straße hindurch an der Tangente entlang und rechts über die Brücke. Den Ortsteil Heidberg durchquert man über Magdeburgstraße, Wittenbergstraße, rechts den Sachsendamm entlang, links in die Stettinstraße. Immer geradeaus geht die Stettinstraße nach links in die Stolpestraße über, von wo aus wir rechts in den Heidbergstieg abbiegen.

Zwischen den beiden Heidbergseen, die im Sommer von erholungssuchenden Anwohnern dicht umlagert sind, fahren wir auf das Mascheroder Holz zu. Einige hundert Meter folgen wir der Salzdahlumer Straße Richtung Mascherode, biegen dann aber kurz vor der Ortschaft am Rand des Waldes nach links ein und umgehen Mascherode in einem nördlich verlaufenden Bogen. Ein kurzes Stück führt durch das Rautheimer Holz, dann sehen wir vor uns sich nach Osten erstreckende Felder.

Wir fahren nördlich Richtung Rautheim und direkt am Ortseingang rechts in die Straße „Zur Wabe“. Geradeaus überqueren wir die Wabe, biegen nach links ab, fahren an der Wabe entlang bis zur nächsten Kreuzung, biegen nach rechts und an der folgenden Kreuzung wieder nach rechts.

Der Weg führt über den parallel zur Wabe verlaufenden Feuergraben. Unser Weg endet an der Landstraße nach Sickte. Wir biegen nach rechts und folgen der Landstraße. Dieses Wegstück ist etwas eintönig, doch der Radweg ist gut ausgebaut und der Auto-Verkehr hält sich in Grenzen. Die Landschaft wird bereits hügelig, es geht die erste Steigung hinauf. Immer geradeaus lassen wir Hötzum rechts liegen und durchfahren Obersickte über die Schöninger Straße.
Am Ortsausgang von Obersickte liegt übrigens ein schönes **Freibad** – dies wäre auch ein geeignetes Ziel für einen Kurzausflug.

▶ Freibad Obersickte
Schöninger Straße
Tel: 0 53 05-441
Mo-Fr: 7-20 Uhr
Sa, So: 8-20 Uhr

Unsere Fahrt führt durch Neuerkerode Richtung Lucklum. Schon 400 Meter vor der Kreuzung, die links nach Lucklum führt, können wir Radfahrer eine links abbiegende Abkürzung nehmen. Der Weg führt durch eine schöne, für den Autoverkehr gesperrte Allee (Vorsicht beim Überqueren der Landstraße!) nach Lucklum hinein. Auf der Hauptstraße (Kommendesstraße) durchqueren wir das Dorf. Geradeaus geht es über Erkerode auf der Reitlingsstraße ins Tal hinein. Links und rechts der Strecke steigt der Höhenzug steil an, die Landstraße windet sich mitten durchs Tal Richtung Osten. Einen separaten Radweg gibt es nicht, doch wir können gleich am Eingang zum Tal kurz hinter dem Wasserwerk nach rechts einbiegen. Hier befindet sich ein Parkplatz für Wanderer, ein Forstweg führt am Waldrand entlang ins Tal.

Spätestens hinter den beiden Teichen müssen wir wieder auf die Landstraße zurück, allerdings führt der Weg nur ein kurzes Stück auf der Straße entlang, vorbei am Vorwerk Reitling-Hof, links die Auffahrt zur Gaststätte „Am Reitling" hinauf. Spätestens hier sollte man eine Pause einlegen, denn egal, in welche Richtung wir nun den Höhenzug erklimmen – wir müssen lange beschwerliche Steigungen überwinden. Die Wanderwege sind gut ausgeschildert, wir müssen uns nur noch für eine Richtung entscheiden.

Geradeaus geht es zum Drachenberg hinauf. Wer die recht starke Steigung zum Drachenberg erst einmal bezwungen hat, wird auf der anderen Seite mit einem langen, stetig sanft abfallenden Wegstück Richtung Königslutter belohnt. In der kleinen Elmstadt ist der Besuch des Kaiserdoms empfehlenswert (siehe Abschnitt Geschichte).

Eine Rückfahrt über den gerade bezwungenen Drachenberg läßt sich vermeiden, wenn man auf der Heimkehr den Elm nördlich umfährt. Diese Strecke über Bornum und Schandelah wird in Kapitel 7 erläutert.

Nicht ganz so anstrengend gestaltet sich die Fahrt zum Tetzelstein, da der Weg weitestgehend außen um den östlich gelegenen Herzberg herumführt. Am Tetzelstein befindet sich ein Café, an dem wir rasten können.

Auf der Landstraße fahren wir nach Süden (Richtung Sambleben), biegen an der nächsten Abzweigung rechts ein und folgen der Straße nach Ampleben. Am Ausgang des Waldes befindet sich rechts ein Parkplatz. Entweder biegen wir hier rechts ein und fahren am Waldrand entlang in nordwestlicher Richtung, oder wir fahren auf Ampleben zu, biegen vor dem Ort in den rechts abzweigenden Deitweg ein und nehmen die Strecke durch Wiesen und Felder. So oder so gelangen wir nach Evessen und von dort nach Norden weiter nach Erkerode, unserem „Eingang“ ins Reitlingstal. Die Rückfahrt verläuft über Lucklum, Neuerkerode, Sickte, ... wie die Hinfahrt.

*Reitlingstal*

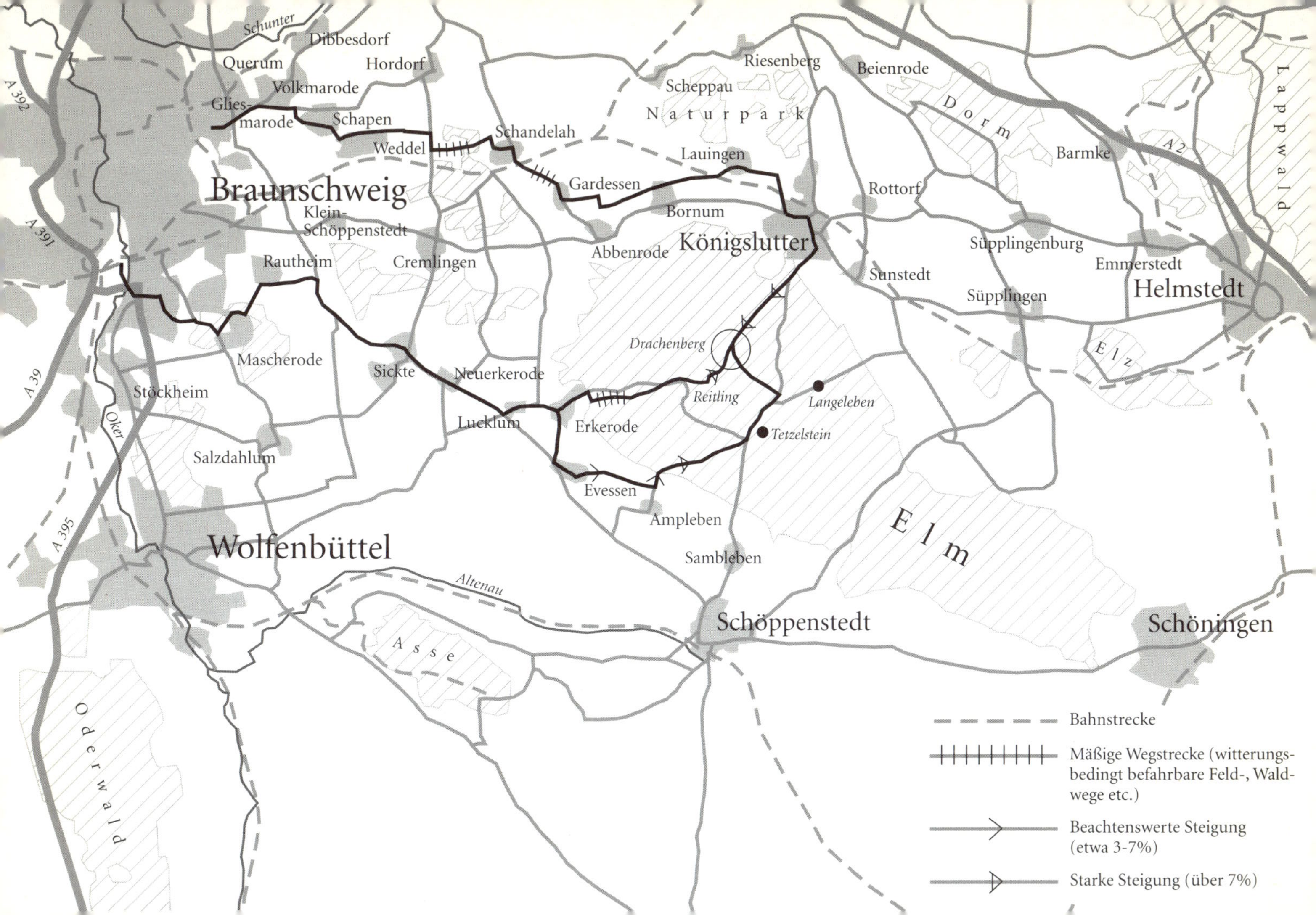

Lappwald
Helmstedt
Schöningen
A 2
Barmke
Emmerstedt
Elz
Dorm
Süpplingenburg
Süpplingen
Beienrode
Rottorf
Sunstedt
Elm
Langeleben
Tetzelstein
Riesenberg
Naturpark
Königslutter
Schöppenstedt
Scheppau
Lauingen
Bornum
Drachenberg
Reitling
Sambleben
Ampleben
Abbenrode
Gardessen
Erkerode
Evessen
Schandelah
Neuerkerode
Lucklum
Altenau
Weddel
Cremlingen
Asse
Sickte
Hordorf
Dibbesdorf
Schapen
Braunschweig
Klein-Schöppenstedt
Volkmarode
Rautheim
Mascherode
Wolfenbüttel
Schunter
Querum
Gliesmarode
Salzdahlum
Stöckheim
Oker
Oderwald
A 395
A 39
A 391
A 392
Bahnstrecke
Mäßige Wegstrecke (witterungsbedingt befahrbare Feld-, Waldwege etc.)
Beachtenswerte Steigung (etwa 3-7%)
Starke Steigung (über 7%)

**Die Landschaft** Der Höhenzug des Elms erstreckt sich von Nordwesten nach Südosten, genauso wie seine „kleinen“ Nachbarn Asse, Dorm, Elz und Lappwald. Seine höchste Erhebung hat der Elm mit dem 322 Meter hohen Kuxberg im Süden des Reitlingstals. Die sanft ansteigenden Bergrücken bestehen aus Kalkstein, auf dem sich besonders Buchen wohlfühlen. Die Buchenwälder des Elms zählen zu den größten zusammenhängenden Flächen Deutschlands – immerhin ist der Höhenzug über 20 km lang und bis zu 9 km breit.

Da der Regen auf Kalkböden schnell versickert, finden wir Quellen fast ausschließlich an den Ausläufern des Elms; Schunter und Lutter gehören dazu. Als Ausnahme muß die Wabe angesehen werden, ein kleines Flüßchen, das das Reitlingstal durchzieht. Der Name „Reitlingstal“ geht übrigens auf das Rietgras zurück, welches hier im früheren Sumpfland vorherrschend war.

Das Kalkgestein, welches so charakteristisch für das Land südöstlich Braunschweigs ist, geht auf ein Muschelkalkmeer zurück, welches hier vor über 210 Millionen Jahren bestand. Zum Höhenzug aufgewölbt hat sich der Elm bei der Wende von Jura- zur Kreidezeit vor etwa 140 Millionen Jahren. Das frühere Meer hat seine Spuren hinterlassen: Tiere und Pflanzen, vor allem Seelilien, haben sich als Versteinerungen erhalten. In den Steinbrüchen des Elms fand man so viele Fossilien, daß sich der Naturpark den Ruf eines „Seelilienfriedhofes“ eingehandelt hat. Fossiliensammler, die es in den Elm zieht, sollten allerdings nicht einfach einen der zahlreichen verlassenen Steinbrüche umgraben. Ratsam ist, vorher mit dem **Fremdenverkehrsamt** der Stadt Königslutter Kontakt aufzunehmen, sich dort zu informieren und einen kostenlosen Berechtigungsschein ausstellen zu lassen.

▶ Fremdenverkehrsamt
der Stadt Königslutter
Am Markt 1
Tel: 0 53 53-912-129

Die Stadt Königslutter beherbergt übrigens auch eine Fossiliensammlung mit sehr schönen Versteinerungen, die nach dem Forscher und Sammler **Otto Klages** benannt ist. Er hat an die 600 versteinerte Seelilien gefunden, von denen viele auf die Sammlungen geologischer Museen verteilt wurden. Das kleine feine Museum in der Stadtbücherei von Königslutter zeigt neben Fossilien auch Schmucksteine und Mineralien.

▶ Otto-Klages-Sammlung
Stadtbücherei
Sack 1
Tel: 0 53 53-91 21 58
Mo-Do: 16-17 Uhr
Sa, So: 15-17 Uhr

**Geschichte** Dem historisch Interessierten hat das Land in der Regel weniger zu bieten als die Stadt. Im Elm ist das nicht anders. Geschichte läßt sich in Königslutter gut erleben, an den Höhenzügen des Elms dagegen finden wir nur wenige Spuren unserer Vorfahren. Dazu zählen zum Beispiel die Ringwälle an den Hängen des Reitlingstals.

Wenn wir von Erkerode kommend die Landstraße entlangfahren und die beiden langen Teiche passiert haben, knickt die Straße an der Stelle, an der sie die Wabe überquert, in einem kleinen Bogen nach links ab. Rechts geht ein Feldweg in den Wald hinein. Wenn wir hier anhalten und 500 Meter südlich den Hügel hinaufklettern, stoßen wir auf Reste der Brunkelburg. Würden wir auf der anderen Seite der Straße, in genauer Gegenrichtung nach Norden etwa 600 Meter über die Wiesen in den Wald hinaufsteigen, stießen wir auf die Krimmelburg. Von „Burgen" kann allerdings nur eingeschränkt die Rede sein, denn zu sehen sind nur noch bereits überwucherte Ringwälle, die auf das 8. bis 9. Jahrhundert datiert und als Fluchtburgen interpretiert werden. In solche Anlagen, verstärkt mit Palisaden und Hecken, zogen sich die Bauern mit Hab und Gut zurück, wenn plündernde Ritter das Land heimsuchten.

*Burgruine Langeleben*

Besser erforscht ist die Elmsburg, deren Ruine allerdings im südlichen Ausläufer des Elms liegt, zu weit entfernt für unsere Tour. Innerhalb einer frühen, groß angelegten Wallanlage ließ sich eine mittelalterliche Burg rekonstruieren, die in drei Abschnitten zwischen dem 11. und 13. Jahrhundert errichtet wurde. Seit einem Brand im Jahre 1572 ist sie dem Verfall preisgegeben.

Burgenfreunde könnten auf unserer Tour am Tetzelstein einen Abstecher nach Langeleben machen. Dort steht die Ruine einer mittelalterlichen Burg, die im Dreißigjährigen Krieg 1626 von Soldaten des katholischen Heerführers Tilly zerstört wurde. Ihr wenig schmeichelhafter Spitzname „Steinklumpen" deutet an, wie wenig von der einstigen Anlage geblieben ist. Nach dem Krieg ließen die Braunschweiger Herzöge neben der Ruine ein Jagdschloß bauen. Von diesem hat sich immerhin die 1705 errichtete Quellgrotte erhalten.

*Tetzelstein mit „Kapelle"*

Wo die Fakten fehlen, blühen Sagen und Legenden. So etwa die Geschichte um den Tetzelstein. An dieser Stelle soll angeblich der durch das Land ziehende Ablaßprediger Johannes Tetzel Opfer eines Raubmordes geworden sein. Die Tat wird mal einem Unbekannten, mal einem Ritter von Hagen angelastet, der sich von Tetzel einen Ablaß auf eine noch zu begehende Straftat habe ausstellen lassen. Nachdem der Prediger den Ablaßzettel überreichte, sei er vom Ritter ermordet und seiner Ablaßgelder beraubt worden – eine Tat, für die der Bösewicht ja schon vorab Vergebung erhalten hatte! Der kleine Schönheitsfehler an der Geschichte: Der Prediger, Ablaßhändler und Inquisitor Johannes Tetzel ist nachweislich am 11. August 1519 in Leipzig eines natürlichen Todes gestorben. Richtig ist immerhin, daß Tetzel mit dem Verkauf von Ablaßzetteln viel Geld einnahm – eine Praxis, die Martin Luther zu seinen 95 Thesen inspirierte. Darin heißt es unter anderem: „Die werden sampt iren Meistern zum Teufel faren die vermeinen durch Ablasbrieve irer seligkeit gewis zu sein. (These 32) Ein jeder warhafftiger Christ, er sey lebendig oder tod, ist teilhafftig aller gueter Christi und der Kirchen, aus Gottes geschenck, auch ohne Ablasbrieve. (These 37).“ Bei soviel Mythos und Sage verwundert es nicht, daß die Bedeutung des Tetzelsteins unklar bleibt. Der knapp 1,40 Meter hohe, viereckig gehauene Stein mit dem kleinen Kreuz auf der Spitze ist mal als Kult-, mal als Grenzstein gedeutet worden.

*Wanderweg im Elm*

Als historische Zeugnisse frühen Wirtschaftslebens sind die Kalksteinbrüche geblieben, die man an vielen Stellen im Elm findet. Der Muschelkalk war im Mittelalter ein begehrter Baustein. Auch in Braunschweig finden sich zahlreiche Bauwerke aus Elm-Kalkstein: Alstadtrathaus, Gewandhaus, Stadtmauern und die Pfarrkirchen St. Martini, St. Andreas, St. Katharinen gehören dazu.

Ein wichtiges Gewerbe war früher in der Stadt Königslutter heimisch: die Bierbrauerei! Der Name des hier gebrauten Weizenbieres hieß „Duckstein“, eine andere Bezeichnung für den Kalksinter, der sich auf dem Grund des Flusses Lutter absetzt, aus dem die Brauer ihr Wasser bezogen. Zumindest der Name ist in der Marke „Ducksteiner“ erhalten geblieben, die heutzutage von einer Großbrauerei abgefüllt wird.

„Königslutter“ – dieser Name weist zum einen auf den Fluß Lutter hin, der das Städtchen durchfließt, zum anderen auf jenen König, der einmal deutsch-römischer Kaiser war: Lothar von Süpplingenburg, zum König gewählt 1125. Ihm verdankt die Stadt den Kaiserdom, der als herausragendes Beispiel romanischer Baukunst die Besucher anzieht.

Im Jahre 1135 wandelte der König das seit dem 11. Jahrhundert bestehende Augustinerinnenstift in ein Benediktinerkloster um. Die Stiftskirche, zum Baubeginn 1135 die größte im deutschen Reich, wurde als Grabstätte für den Herrscher und seine Familie geplant. An dem Bau waren Bildhauer aus Italien beteiligt, die Lothar nach Norddeutschland berufen hatte und deren Arbeit Anregungen gab für die ihr folgende Architektur in der Region. Die Stiftskirche war noch nicht vollendet, als Lothar, stark geschwächt nach einem Feldzug in Italien, auf der Rückreise in Tirol verstarb. Der Leichnam wurde nach Königslutter gebracht und in der im Bau befindlichen Kirche beigesetzt. 1141 folgte seine Frau Richenza, bereits 1139 war sein Schwiegersohn Heinrich der Stolze (der Vater Heinrich des Löwen) neben ihm bestattet worden. Die Toten sind in der Mitte des Langschiffes beigesetzt worden, einer kreuzförmigen Pfeilerbasilika.

*800 jährige Linde vor dem Dom*

Die Choranlage des Domes weist fünf Apsiden auf. Die Hauptbasis schmückt außen ein Jagdfries. Sieben Figuren sind unter Rundbögen zu sehen; links und rechts werden übliche Jagdszenen gezeigt, in der Mitte jedoch liegt der Jäger am Boden, während zwei Hasen über ihm die Arme mit einem Strick fesseln: die sanftmütigen Schwachen siegen über den Starken, das Gute triumphiert über das Böse. Sehenswert sind auch das Löwenportal, welches den Eingang an der Nordseite betont, und der Kreuzgang der ehemaligen Klosteranlage, in dem jede Säule individuell leicht von den anderen abweicht.

Neben dem Kaiserdom befindet sich ein **Museum**, in welchem die Geschichte des Domes und seine Bedeutung in der Kunstgeschichte erläutert werden. Dokumentiert ist hier auch die Graböffnung, die man bei Restaurierungsarbeiten 1978 vornahm.

▶ Kaiserdom-Museum
Vor dem Kaiserdom 3
Tel: 0 53 53-15 35
Mo-Fr: 15-18 Uhr
Sa: 14-18 Uhr
So: 11-13, 14-18 Uhr

*Dom - Königslutter*

*Reitlingstal*

*Dom - Königslutter*

*Quellgrotte in Langeleben*

# Der kleine Nachbar im Süden:

# Wolfenbüttel

Varianten von 20 km
bis 45 km Gesamtlänge

9

*Wolfenbüttel hatte als herzogliche Residenz für zumindest einige Jahrhunderte eine wichtige politische Bedeutung. Seit sie diese im Jahr 1753 endgültig verlor, steht die Stadt im Schatten des „Oberzentrums" Braunschweig. Die Industrialisierung ist an ihr weitgehend vorüber gegangen. Der Vorteil: Wolfenbüttel gilt heute als günstig gelegene, ruhige Wohnstadt, die sich zudem viele ihrer historisch wertvollen Zeugnisse erhalten hat. Mit dem Fahrrad ist Wolfenbüttel gut zu erreichen; die vorgeschlagene Hinfahrt über den Südsee und die Rückfahrt über den Heidberg ergeben etwa 20 Kilometer Gesamtlänge. Ein historischer Spaziergang durch den Ort oder Abstecher in Oderwald und Asse machen die Stadt zu einem attraktiven Ausflugsziel.*

**Die Strecke** Die Stadt Wolfenbüttel ist durch die Autobahn A 395 und die Bundestraße 79 mit Braunschweig verbunden. Als Radfahrer können wir entweder rechts oder links der Zubringer nach Wolfenbüttel gelangen. Um die Fahrt möglichst abwechslungsreich zu gestalten, verläuft auf der folgenden Tour die Hinfahrt über den Südsee und Stöckheim, die Rückfahrt auf der anderen Seite zur Autobahn durch den Stöckheimer Forst und über den Stadtteil Heidberg.

Aus der Innenstadt kommend fahren wir mit dem Rad am Messegelände an der Eisenbüttler Straße vorbei Richtung Süden, am Kennelbad vorbei zum Südsee. Spätestens am südlichen Zipfel des Südsees müssen wir auf die linke Okerseite wechseln (rechts geht es nach Rüningen) und fahren nun eine sehr schöne Strecke zwischen Wiesen und Fluß an Stöckheim vorbei. Der Weg endet auf der Leiferdestraße.

Nach rechts geht es nach Leiferde und Salzgitter (Den Weg fahren wir in Kapitel 11), wir aber müssen nach links abbiegen und die Leiferdestraße hinauffahren, bis wir Stöckheim erreichen. Hier fahren wir nach rechts durch Felder und Wiesen den Alten Weg hinunter. In gerader Linie geht es auf die Autobahn zu; ein kurzes Stück, etwa 500 Meter, müssen wir dann neben der A 395 entlang fahren. Durch eine Unterführung gelangen wir auf die andere Seite, wo der Weg in Gegenrichtung wieder zurückführt. Wenn wir auf eine Abzweigung nach rechts stoßen, haben wir den Punkt erreicht, an welchem der Alte Weg in gerader Linie Stöckheim mit Wolfenbüttel verbunden hat, bevor die Autobahn diese Verbindung durchschnitt. An dieser Stelle haben wir mit einer kleinen Steigung zu kämpfen – immerhin gilt es, den Schieferberg zu überwinden. Aber während wir am Rande des Lechlumer Holzes entlang fahren, breitet sich Wolfenbüttel schon vor unseren Augen aus. Es empfiehlt sich nicht, ins Lechlumer Holz einzubiegen, da man sonst zwangsläufig auf die vielbefahrene Bundesstraße 79 trifft, den etwas verniedlicht „Neuer Weg“ genannten Zubringer für den motorisierten Verkehr nach Wolfenbüttel. Um mit dem Rad ins Stadtinnere zu gelangen, müssen wir nur dem Alten Weg immer geradeaus folgen, bis er schließlich in den Neuen Weg mündet.

Geradeaus über die Kreuzung und die Oker hinweg gelangen wir ins Wolfenbüttler Zentrum. Der Platz „Am Herzogtore" und die Straßen rechts und links – Rosenwall und Am Herzogwall – verweisen noch darauf, daß hier einmal der nördliche Zugang zur Festungsstadt lag. Das Herzogtor lag am südlichen Ende der Straße, die an dieser Stelle in die Breite Herzogstraße übergeht. Das Tor wurde 1660 erbaut, um den damaligen einzigen Zugang zur Heinrichstadt über das Kaisertor im Osten (siehe Kapitel Geschichte) zu entlasten. Die heutigen Parkanlagen wurden um 1825 geschaffen, die Befestigungen wurden abgetragen.

Sind wir in der Breiten Herzogstraße angekommen, können wir unter drei Möglichkeiten wählen. Zum einen könnten wir nach rechts in die Lange Herzogstraße einbiegen (Fußgängerzone!) und einen historischen Stadtrundgang unternehmen. Zum anderen könnten wir weiterfahren und südlich von Wolfenbüttel durch Oderwald (Variante 1) oder Asse (Variante 2) radeln.

*Fußgängerzone*

Variante 1: Über Breite Herzogstraße und Lange Straße biegen wir rechts in die Harzstraße ein, an deren Ende links in die Bahnhofstraße. Geradeaus über „Im Kalten Tale" verlassen wir Wolfenbüttel Richtung Südwesten den Webertkamp hinauf. Vor uns können wir bereits den Oderwald liegen sehen. Wir erreichen den Wald an seinem nordöstlichen Ende, dem Kötenholz. Hier befindet sich ein Parkplatz, welcher besonders an den Wochenenden vielen Menschen als Ausgangspunkt eines Waldspaziergangs dient. Auf dem Breiten Weg gelangen wir in den Wald, der sich etwa acht Kilometer weit in südlicher Richtung erstreckt. Der Oderwald ist von einem unregelmäßigen Wegenetz durchzogen, das jeder Radler sich selbst erschliessen muß. Auch Karten helfen hier nicht richtig weiter, manche eingezeichneten Wege enden schlicht im Nichts. Einige Stunden kann man hier schon verbringen, will man den Oderwald in alle Richtungen durchstreifen. Allerdings braucht man neben Orientierungssinn auch ein wenig Kondition und Ausdauer beim Radeln, da stellenweise recht anstrengende Steigungen zu bewältigen sind.

Variante 2: Über Breite Herzogstraße und Lange Straße fahren wir nach Süden und biegen hinter dem Stadtgraben nach links ab. An Stadtbad und Campingplatz vorbei geht es durch die Parkanlagen weiter nach Süden, bis wir auf die Halberstädter Straße stoßen. Hier müssen wir uns links halten und durch den Stadtteil Linden Wolfenbüttel Richtung Wendessen verlassen. In Wendessen biegen wir nach rechts auf die Leipziger Allee (Bundesstraße 79, läßt sich leider nicht vermeiden) Richtung Denkte. Am Eingang von Groß Denkte verlassen wir die B 79 geradeaus in die Hauptstraße hinein, biegen kurz darauf nach rechts in den Bleierweg und gelangen in gerader Linie am Sportplatz vorbei in die Asse. In der Asse gibt es zahlreiche Wege, die man natürlich individuell erkunden kann. Unsere Vorschlagsstrecke bleibt auf dem Hauptweg, umfährt Eichberg und Röhrberg südlich, um dann in einer Schleife nach Norden zu schwenken und den Wald zu verlassen. Auf der Straße die Asse nördlich umfahrend kommen wir zurück nach Groß Denkte. Über die B 79, Wendessen und Linden geht es nach Wolfenbüttel zurück. Diese Rundtour umfaßt, von der Wolfenbüttler Innenstadt aus gerechnet, etwa 25 Kilometer Gesamtlänge.

*Fußgängerzone*

Als Ziele auf der Asse-Rundfahrt bieten sich übrigens die Ruine der Asseburg und der Bismarckturm an. Sie liegen nur einige hundert Meter südlich unserer Strecke; der kleine Umweg lohnt sich. Die Burg war im Mittelalter von wichtiger strategischer Bedeutung, weil hier die Handelsstraße nach Halle und Leipzig verlief (siehe Kapitel Geschichte), der Bismarckturm steht an einem steil abfallenden Kalkrücken und bietet einen schönen weiten Ausblick auf das Umland.

Rückfahrt nach Braunschweig: Natürlich könnten wir den Alten Weg nach Stöckheim zurück fahren, doch der Abwechslung halber sollten wir geradeaus nach Norden über den Neuen Weg die Stadt verlassen. Wir fahren die Straße nach Braunschweig bis zum Gasthaus Sternhaus hinauf, durch die gleichnamige Bushaltestelle auch für Ortsunkundige nicht zu verfehlen. Hinter dem Sternhaus geht es ins Lechlumer Holz hinein. Der Weg gabelt sich hier; wir schlagen die linke, mehr nördlich verlaufende Strecke ein. Knapp zwei Kilometer geht es geradeaus, dann über die Salzdahlumer Straße und weiter am Stöckheimer Forst entlang.

Den Wald hinter uns lassend fahren wir zwischen den Feldern zur Landstraße (Stöckheimstraße) hinaus. Rechts führt die Straße nach Mascherode, links nach Stöckheim.

Wer wieder den schönen Okerweg Richtung Südsee erreichen möchte, fahre nach Stöckheim hinein. Schneller in die Braunschweiger Innenstadt kommt man über den Heidberg. Richtung Stöckheim biegen wir nach etwa 200 Metern von der Landstraße rechts ab und fahren über den Bruchanger in den Heidberg hinein. Immer Richtung Norden geht es über Kolberg-, Greifswald- und Stettinstraße zum Sachsendamm.

*Fußgängerzone*

Marienkirche

*Schloß mit Rädern*

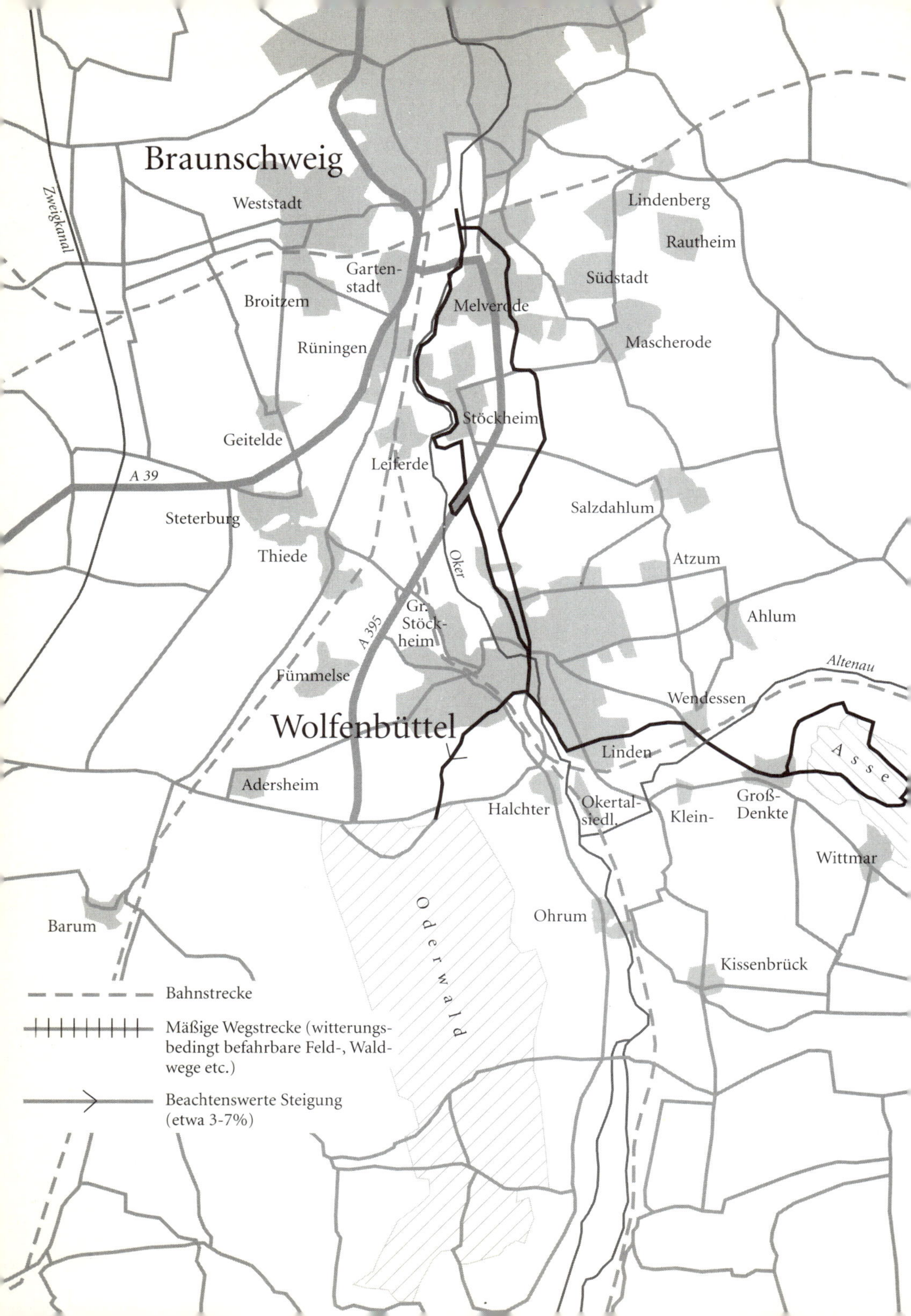
Braunschweig
Zweigkanal
Weststadt
Lindenberg
Rautheim
Garten-
stadt
Südstadt
Broitzem
Melverode
Rüningen
Mascherode
Stöckheim
Geitelde
Leiferde
A 39
Steterburg
Salzdahlum
Thiede
Oker
Atzum
Gr.
Stöck-
heim
A 395
Ahlum
Altenau
Fümmelse
Wendessen
Wolfenbüttel
Linden
Asse
Adersheim
Halchter
Okertal-
siedl.
Klein-
Groß-
Denkte
Wittmar
Oderwald
Ohrum
Barum
Kissenbrück
Bahnstrecke
Mäßige Wegstrecke (witterungs-
bedingt befahrbare Feld-, Wald-
wege etc.)
Beachtenswerte Steigung
(etwa 3-7%)

**Die Landschaft** Wolfenbüttel ist umgeben von einer im Norden hügeligen, im Süden zunehmend bergigen Landschaft. Die Stadt selbst liegt in einem Terassental, die Altstadt wurde auf aufgeschüttetem Gelände in der Okeraue errichtet. Der fruchtbare Lößboden im Umland bietet der Landwirtschaft vor allem für Weizen, Gerste und Zuckerrüben ideale Bedingungen.

Ein großes in sich geschlossenes Gebiet stellt der Oderwald im Süden mit rund 35 qkm Waldfläche dar. Der Kalksteinboden hat einen Buchenwald entstehen lassen, der sich sanft gewölbt von Süden nach Norden ausdehnt. Von Wolfenbüttel kommend haben wir noch relativ flaches Gebiet vor uns, im Ostteil des Waldes und im Süden haben wir es mit stark zerklüftetem Gelände zu tun, die Wege steigen und fallen in großen Sprüngen. An diesen Stellen ist die Waldlandschaft sehr abwechslungsreich, jedoch eher zum Wandern als zum Radfahren geeignet. Von Beeinträchtigungen wie dem Bergbau in der Asse blieb der Oderwald verschont, jetzt schlägt allerdings der Ausbau der A 395 eine Schneise in den westlichen Teil des Waldes.

Abwechslungsreiches Gestein aus Buntsandstein und Muschelkalk prägte den vergleichsweise kleinen Höhenzug der Asse, der sich von Südost nach Nordwest erstreckt. Die Kalkböden haben auch hier wie im Oderwald zur Ausbreitung großer Buchenbestände geführt; wo andere Böden an die Oberfläche treten, konnte sich Laubmischwald aus Buchen, Eichen und Hainbuchen bilden. Bei Aufforstungen wurden Kiefern und Lärchen angesiedelt.

Ende des 19. Jahrhunderts wurden in der Asse Bergwerke errichtet, um Kalisalz abzubauen. Neben dem Kalibergwerk Hedwigsburg bei Neindorf entstanden in der Asse die Schächte I bis III. Schwierigkeiten mit Laugeneinbrüchen führten allerdings dazu, daß der Abbau bald eingestellt wurde. Dies hinderte die Atomwirtschaft nicht, den Asseschacht II seit 1967 als „Versuchsanlage“ für die Einlagerung schwach- und mittelradioaktiven Materials in Betrieb zu nehmen.

**Geschichte** Erstmals findet der Name Wolfenbüttel 1118 Erwähnung: in einer Urkunde wird „Widekindus de Wlferesbutle“ als Zeuge aufgeführt, den Historiker als Herrn einer Burg deuten. 1191 zerstörte Heinrich der Löwe den Wohnsitz, 1255 verlor das lokale Adelsgeschlecht endgültig seine Wasserburg, als die Welfen den Standort eroberten und die lokalen Machthaber vertrieben. 1283 errichteten die Welfen anstelle der Burg eine Residenz. Der Ort gewann zunehmend an Bedeutung, als die Welfen ihre alte Burg Dankwarderode in Braunschweig immer seltener nutzten und Wolfenbüttel weiter ausbauten.

Wichtig waren in dieser Zeit die Handelswege über Braunschweig nach Halle und Leipzig. Die Herzöge hatten der nach Unabhängigkeit strebenden Stadt Braunschweig die Asseburg verpfändet, eine strategisch wichtige Burg zum Schutz der Handelsstraße. Gewaltsame Auseinandersetzungen zwischen Herzögen und Stadt fanden erst ein Ende, als die Braunschweiger 1492 die Burg aufgaben. Um sie nicht Herzog Heinrich d. Älteren zu überlassen, wurden die Gebäude in Brand gesteckt – die Burgruine ist seit jenen Tagen nicht wieder aufgebaut worden.

Wolfenbüttels Blütezeit begann im 16. Jahrhundert. Östlich des Residenzschlosses lag eine dörfliche Siedlung (Dammsiedlung), die den Kern der späteren Festungsanlage bilden sollte. Östlich des Dammes folgte die Neustadt, auch Heinrichstadt genannt. Hier stand die zentrale Marienkirche, die spätere Hauptkirche Beatae Mariae Virginis. Der Siedlung wurde 1570 das Stadtrecht verliehen. Ihre Ausdehnung ist auch heute noch gut zu rekonstruieren: Im Osten befand sich das Haupttor der Siedlung, das Kaisertor des niederländischen Architekten Hans Vredemann de Vries, erbaut 1589. Später entstand an dieser Stelle die im Jahr 1700 geweihte Trinitatiskirche, in deren Bau man Teile des Festungstores integrierte; in dem Bogen zwischen Kirche und Sakristei findet sich noch das Kaisertor.

*Schloßeingang*

Auch nach Westen wuchs die Vorstadt. Ab 1652 wurde die Auguststadt angelegt, deren strenge Konstruktion aus einer Hauptstraße und zwei parallel verlaufenden Straßen bestand. Für dieses Viertel baute man in den Jahren 1661 bis 1664 die Pfarrkirche St. Johannis. Der Ausbau fand gegen Mitte des

18. Jahrhunderts ein vorläufiges Ende, da 1753 die herzogliche Residenz von Wolfenbüttel nach Braunschweig zurückverlegt wurde. Erst jetzt schlossen sich die einzelnen Teile offiziell zu einer Stadt zusammen. Den wirtschaftlichen und politischen Abstieg hielt dies aber nicht mehr auf. Doch bis zu diesem Zeitpunkt waren bereits eine Reihe schöner Gebäude und die Herzog August Bibliothek als Institution entstanden, die Wolfenbüttel noch heute große Bedeutung verleihen.

*Schloßansicht*

Wenn wir unseren Stadt-Spaziergang durch die Lange Herzogstraße beginnen, die heute als Fußgängerzone angelegt ist, so schreiten wir auf der ehemaligen Hauptstraße der Heinrichstadt Richtung Dammfestung. Hier waren vor allem Verwaltungsgebäude und Regierungsstellen untergebracht, Hofbeamte und Soldaten bewohnten das Viertel. Bevor wir den Schloßplatz erreichen, durchqueren wir ein ab 1602 entstandenes Handwerker- und Händlerviertel – die Straßennamen Kleiner Zimmerhof, Großer Zimmerhof und Krambuden verweisen noch darauf. Die ehemalige Dammfestung mit den Schloßanlagen war ursprünglich von eigenen Wallanlagen umgeben. Betreten wir den Schloßplatz aus der Innenstadt kommend, so können wir die Dimensionen mit einem Rundblick über Museum, Schloß, Lessinghaus, Herzog August Bibliothek und Zeughaus nachvollziehen. Dem Besucher bieten sich mehrere Besichtigungen an:

▶ Historische Schloßräume
Schloßplatz 13
Tel: 0 53 31-57 13
Di-Sa: 10-17 Uhr
So: 10-13 Uhr

Im Museum im **Schloß Wolfenbüttel** kann in 14 kostbar ausgestatteten Gemächern das herzogliche Wohnen im 17. und 18. Jahrhundert nachempfunden werden. Neben Möbeln, Teppichen und Deckenmalereien sind Silber-, Porzellan- und Glassammlungen zu sehen. In sieben weiteren Räumen wird die bescheidenere bürgerliche Wohnkultur der letzten Jahrhunderte dargestellt.

▶ Lessinghaus
Lessingplatz
Tel: 0 53 31-80 80
täglich: 10-17 Uhr
(außer Karfreitag, 24./25./31.12)

Zwischen Schloß und Bibliothek befindet sich das **Lessinghaus**. Das kleine Museum ist den Wolfenbüttler Jahren des Dichters Gotthold Ephraim Lessing gewidmet, der hier von 1770 bis zu seinem Tode 1781 die Stelle als Bibliothekar der Herzog August Bibliothek innehatte. Zwar befreite ihn die gute Bezahlung des Herzogs von seinen Schulden, doch allzu glücklich ist Lessing in Wolfenbüttel nicht geworden. Im Oktober 1776 heiratete er, im Januar 1778 verstarb seine Frau Eva aber bereits.

Der Dichter fühlte sich von Beginn an recht einsam in Wolfenbüttel, nach dem Tod seiner Frau unterhielt er in Braunschweig eine zweite kleine Wohnung, da hier das kulturelle Leben doch etwas abwechslungsreicher war. Heute werden in fünfzehn Räumen im Lessinghaus die wesentlichen Aspekte seines Lebens dargestellt.

Einen international guten Ruf genießt die **Herzog August Bibliothek**. Benannt wurde sie 1929 nach Herzog August dem Jüngeren (1579 - 1666), dem sie viele bedeutende Anschaffungen verdankt, begründet hat die Sammlung allerdings schon Herzog Julius von Braunschweig-Wolfenbüttel im Jahre 1572. Die Bibliothek verfügt über eine kostbare Sammlung von Handschriften und zahlreiche seltene Werke aus der Anfangszeit des Buchdrucks. In regelmäßigen Ausstellungen werden die verschiedensten Teile der Sammlung präsentiert. Im Zeughaus untergebracht ist der Teil der Bibliothek, deren Bestände öffentlich zugänglich sind und ausgeliehen werden können. Im Vorraum des Zeughauses finden ebenfalls regelmäßig kleine Ausstellungen statt.

▶ Herzog August Bibliothek,
Bibliotheca Augusta und
Zeughaus
Lessingplatz 1
Tel: 0 53 31-57 13
täglich: 10-17 Uhr
(außer Karfreitag,
24./25./31.12.)

Wenn wir gerade bei Museen sind: Nicht unerwähnt bleiben soll die Abteilung Ur- und Frühgeschichte des **Braunschweigischen Landesmuseums**, die in der Kanzleistraße untergebracht ist. Zu den ältesten Stücken gehört 350 000 Jahre altes Steingerät, das bei Schöningen gefunden wurde. Funde aus Bronze- und Eisenzeit sowie mittelalterliche Stücke bis ins 8. Jahrhundert können besichtigt werden.

▶ Braunschweigisches
Landesmuseum
Abteilung Ur- und
Frühgeschichte
Kanzleistraße 3
Tel: 0 53 31-57 13
Di-Fr, So: 10-17 Uhr

Unseren geschichtlichen Rundgang sollten wir über Zimmerhof, Harztorplatz, Kommißstraße und Kornmarkt (Marienkirche!) bis zum Holzmarkt abschließen. Hier bietet sich noch der Besuch der Trinitatiskirche an, damit ließe sich der Rundgang abschließen.

*Bibliotheca Augusta*

*Lessinghaus*

*Schloßansicht*

*Zeughaus*

# Ganztagestour für sportliche Fahrer: Goslar

Gesamtstrecke ca. 29 km

10

*Die Fahrt nach Goslar, zu großen Teilen flußaufwärts an der Oker entlang, entspricht eigentlich nicht dem Ziel dieses Buches, Fahrradwege „rund um Braunschweig“ vorzustellen. Diese Ganztagestour versteht sich als Ergänzung für Radler, die das Umland bereits erkundet haben. Die Strecke selbst ist nicht allzu schwierig zu fahren, kann aber nur in Kombination mit einer Bahnfahrt bewältigt werden. Alternativ bietet es sich an, in Goslar zu starten und den Weg in umgekehrte Richtung nach Braunschweig zu fahren.*

**Die Strecke** Wie auf allen Touren Richtung Süden verlassen wir Braunschweig an der Oker entlang, durchs Kennelgebiet, am Südsee vorbei auf der linken Uferseite der Oker. Diese Strecke entspricht in ihrem ersten Teil der Strecke aus dem vorherigen Kapitel (Fahrt nach Wolfenbüttel).

Unser Weg an der Oker entlang nach Süden endet auf der Leiferdestraße. Nach links abbiegend fahren wir die Leiferdestraße hinauf, bis wir Stöckheim erreichen. Hier geht es nach rechts durch Felder und Wiesen den Alten Weg hinunter. In gerader Linie fahren wir auf die Autobahn zu; ein kurzes Stück müssen wir dann neben der A 395 entlang fahren, gelangen dann durch eine Unterführung wir auf die andere Seite. An der ersten Abzweigung biegen wir nach rechts ein, den Schieferberg hinauf. Am Rande des Lechlumer Holzes entlang fahren wir auf Wolfenbüttel zu. Immer geradeaus kommen wir auf dem „Alten Weg" in die Stadt, der schließlich in den „Neuen Weg" mündet. Geradeaus über die Kreuzung und die Oker hinweg gelangen wir auf der Breiten Herzogstraße ins Wolfenbüttler Zentrum. Über Breite Herzogstraße und Lange Straße biegen wir rechts in die Harzstraße ein, an deren Ende nach links in die Bahnhofstraße.

*Bei Wehre*

Geradeaus über „Im Kalten Tale" verlassen wir Wolfenbüttel Richtung Südwesten den Webertkamp hinauf. Geradeaus erreichen wir den Wald an seinem nordöstlichen Ende, dem Kötenholz. Wir fahren in den Oderwald, wo sich der Weg nach rund 200 Metern an der Posteiche in drei Richtungen gabelt. Wir fahren nach links ab und haben, immer geradeaus unserem Weg folgend, auf einigen hundert Metern mit Steigung zu kämpfen. Nach 1,8 Kilometern durch den Oderwald gabelt sich der Weg. Hier fahren wir nach links und verlassen den Wald Richtung Ohrum. Als Ausgleich für den teils beschwerlichen Weg durch den Oderwald geht es jetzt stetig bergab. In Ohrum biegen wir nach rechts auf die Harzstraße (B 4) und fahren an ihr in südlicher Richtung nach Dorstadt. Man durchfährt den nördlichen Teil der Ortschaft und biegt im unteren links ab in die Dorstädter Straße Richtung Bornum. Wir überqueren das Flüßchen Warne, hundert Meter weiter vor der Oker biegen wir in den Weg nach rechts ab. Wir fahren an der rechten Uferseite der Oker bis auf der anderen Flußseite das Dorf Börßum erreicht ist. Unser Weg endet auf der Straße Richtung Börßum. Wir überqueren den Fluß und fahren auf der anderen Uferseite weiter die Oker entlang nach Süden. Vor Eisenbahngleisen biegt der Weg nach Westen ab Richtung Werlaburgdorf (Die Bahnstrecke ist stillgelegt und wird nur noch von einer Museumsbahn befahren). An den Gleisen entlang erreichen wir Werlaburgdorf, unterqueren die B4 und biegen nach links in den Steinweg. Auf ihm verläßt man die Ortschaft nach Süden, überquert die Bahngleise nach Süden und fährt wieder unter der B4 hindurch. Rund hundert Meter hinter der Unterführung biegen wir nach rechts in die Abzweigung ein auf den Kreuzberg zu. Immer geradeaus landen wir auf einer Gabelung, der wir nach links zum Standort der früheren Kaiserpfalz Werla folgen (siehe dazu unter Geschichte). Hier können wir eine kleine Pause einlegen und die Aussicht genießen, dann geht es den Weg nach Süden hinunter zur Oker. Geradeaus am Flußufer entlang erreichen wir Schladen. Über die Mühlenstraße gelangen wir auf die Hauptstraße, den Lindendamm.

*Altstadt Goslar*

Nach rechts geht es ins Gewerbegebiet Nord, dort ist das „Nordharzer Schlangenparadies" angesiedelt. In Europas größter **Schlangenfarm** gibt es über 1300 Gift- und Riesenschlangen, Spinnen, Skorpione, Piranhas und ähnlich liebe Tiere zu sehen. Die Fahrt nach Goslar setzt man links abbiegend auf den Lindendamm nach Süden fort. Der Lindendamm geht geradeaus in die Harzstraße über, dann biegen wir nach rechts in den Wasserweg. Ihm folgend überquert man die Autobahn, an der folgenden Gabelung nimmt man den linken Weg. Geradeaus geht es südlich am Sudholz vorbei nach Wehre. Das Dorf durchfahren wir über Sudholzweg, Beuchter Straße und Goslarsche Straße nach Westen. Am Dorfausgang zweigt rechts ein Weg ab, der uns geradeaus nach Klein Döhren bringt. Über die Wehrer Straße geht es nach rechts in die Breite Straße, geradeaus über die Burgstraße in die Weddinger Straße. Im Ortsteil Groß Döhren biegen wir nach links Richtung Hahndorf in die Mühlenstraße

▶ Schlangenfarm
Schladen
Tel. 0 53 35-17 30
Mo-So: 9-18 Uhr

ein. Über „Am Hellebach" verläßt man den Ort (Steigung!) und erreicht geradeaus der Straße folgend Hahndorf. Über den „Weißen Weg" geht es nach links (Richtung Immenrode) in die Försterbergstraße, rund 150 Meter hinter dem Ortsausgang nach rechts in den Wald hinein. An einer Gabelung fahren wir geradeaus am Waldrand entlang, dann zwischen zwei Teichen hindurch nach Süden. Über die Landstraße erreichen wir die Klosteranlage Gut Grauhof.

Hier hatte der Augustinerstift vom Georgenberg im Mittelalter nur einen Wirtschaftshof unterhalten, verließ aber im Jahr 1527 Goslar in Folge der Ausschreitungen bei der Einführung der Reformation. Später übernahmen die Franziskaner die Anlage. Die Kirche wurde Anfang des 18. Jahrhunderts gebaut.

*Altstadt Goslar*

Hier einbiegend nimmt man den linken Weg, fährt südlich an der Anlage und einem kleine Friedhof vorbei und erreicht den Goslarschen Stadtteil Jürgenohl. Um das Stadtzentrum zu erreichen, müssen wir uns weiter südlich halten und die B6 überqueren, welche die Stadt in Ost-West-Richtung durchquert. Im Norden der Altstadt befindet sich der Bahnhof, die Kaiserpfalz im Süden am Rammelsberg.

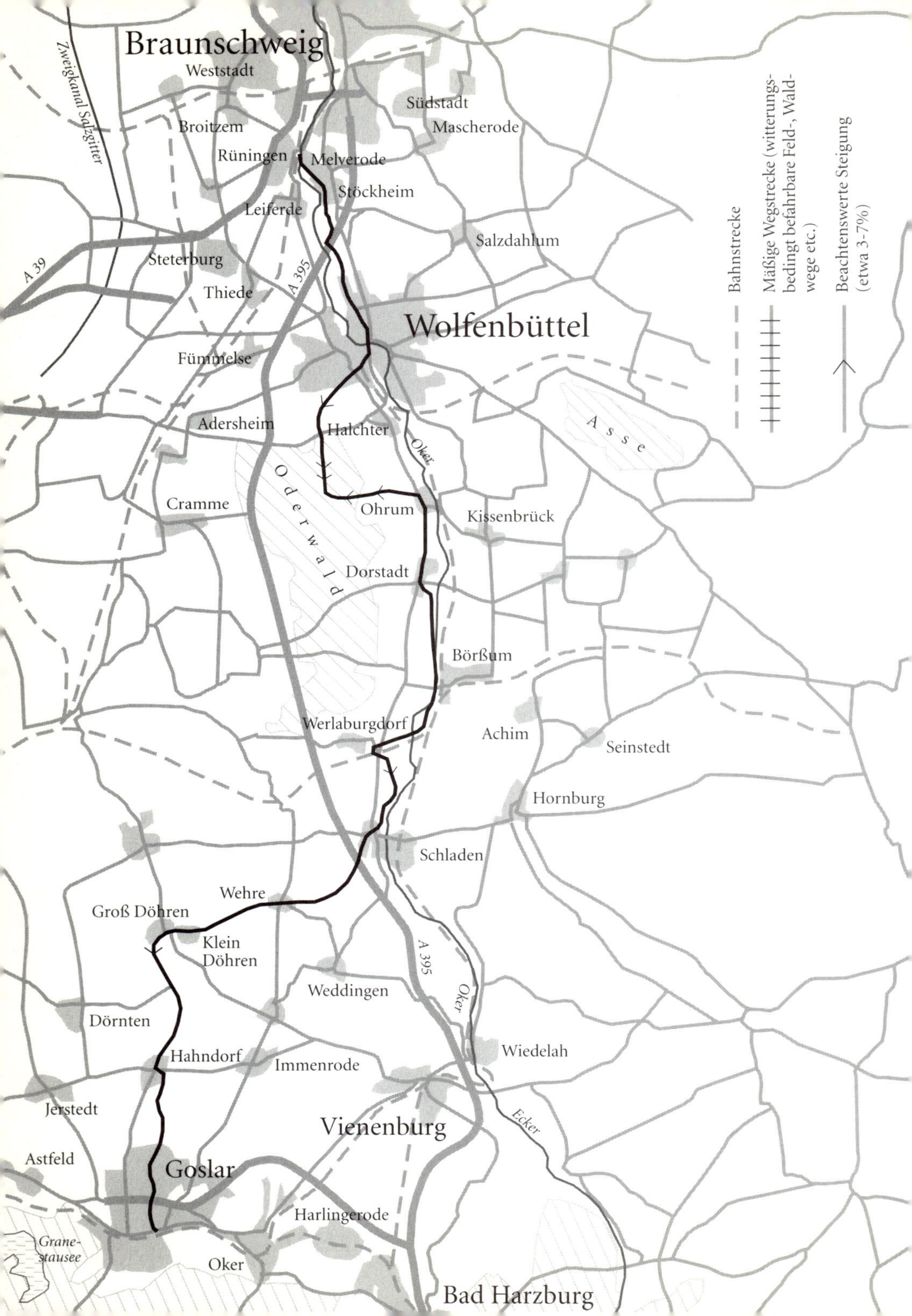

Braunschweig
Weststadt
Südstadt
Mascherode
Broitzem
Rüningen
Melverode
Stöckheim
Leiferde
Salzdahlum
Steterburg
Thiede
Wolfenbüttel
Fümmelse
Adersheim
Halchter
Asse
Oderwald
Oker
Cramme
Ohrum
Kissenbrück
Dorstadt
Börßum
Werlaburgdorf
Achim
Seinstedt
Hornburg
Schladen
Wehre
Groß Döhren
Klein Döhren
Weddingen
Dörnten
Hahndorf
Immenrode
Wiedelah
Jerstedt
Vienenburg
Ecker
Astfeld
Goslar
Harlingerode
Granestausee
Oker
Bad Harzburg
Zweigkanal Salzgitter
A 39
A 395
A 395
Bahnstrecke
Mäßige Wegstrecke (witterungsbedingt befahrbare Feld-, Waldwege etc.)
Beachtenswerte Steigung (etwa 3-7%)

**Landschaft** Der Mittelgebirgszug des Harzes erstreckt sich über eine Länge von rund 100 Kilometern von Osten nach Westen. Im Norden steigt er steil aus dem norddeutschen Tiefland auf, nach Süden hin dehnt er sich 35 Kilometer weit aus.

Der Harz ist ein Rest des Variskischen Gebirges, welches sich in der Zeit von Unter- zu Oberkarbon (vor 350-280 Millionen Jahren) durch Mitteleuropa zog. Mit der Gebirgsbildung ist eine Zeit des Vulkanismus verbunden, dem der Oberharz die Entstehung von Erzen verdankt. In den einst tiefen Klüften des Gebirges stiegen Metallösungen auf, die mit festem Gestein Verbindungen eingingen. Die Erzvorkommen am Rammelsberg zählten zu den ältesten Vorkommen dieser Art.

Der Harz ist bekannt für seine ausgiebigen Regenfälle, besonders der Oberharz gilt als niederschlagsreiches Gebiet. Hier sind noch einige wenige Hochmoore erhalten. In früheren Tagen führte dies zu einem oft bedrohlichen Anstieg der Flüsse, heute halten eine Reihe von Stauseen die Wassermassen zurück. Unter anderem wird Braunschweig mit dem sauberen, weichen Trinkwasser aus dem Harz versorgt. Die ersten Teiche wurden bereits im 13. Jahrhundert, Seen verstärkt im 16. Jahrhundert angelegt, um mit Wasserkraft die Anlagen der Bergwerke zu betreiben und Ströme umzuleiten, die die Stollen vollaufen ließen. Der Naturpark Harz umfaßt auf niedersächsischem Gebiet 950 Quadratkilometer.

Der Brocken ist mit 1142 Metern der höchste Berg im Harz; in der DDR war er als militärische Sperrzone nicht zugänglich. 1990 schlossen sich die anliegenden ost- und westdeutschen Länder zusammen und gründeten den „Nationalpark Hochharz“.

*Altstadt Goslar*

**Bergbau** Das Bergwerk am Rammelsberg bei Goslar gilt als das älteste Bergwerk Deutschlands. Sein Betrieb ist für das Jahr 968 erstmals urkundlich belegt. Schon im Mittelalter war das Erzvorkommen bekannt, da eine der zwei linsenförmigen metallhaltigen Gesteinsschichten auf einer Länge von 500 Metern und einer Mächtigkeit von 15 bis 30 Metern an die Oberfläche trat. Im Mittelalter war man besonders an den Silberanteilen interessiert, die allerdings nur den geringsten Teil des Erzes ausmachten: Je Tonne Erz konnten nur 100 bis 200 Gramm Silber gewonnen werden. Höher waren die Anteile an Blei, Zink, Eisen und Kupfer.

*Holzstich, 16. Jahrhundert*

Der Abbau fand anfangs nur an der Oberfläche statt, seit dem 11. Jahrhundert ist auch der Untertagebau belegt. Bis 1235 befand sich die Anlage in kaiserlichem Besitz, dann gingen die Bergrechte an den Herzog von Braunschweig-Lüneburg über, der sie auf Zeit an die Stadt Goslar weitergab. Der Bergbau führte zu Einwanderungen von Schmelzern aus dem Erzgebirge, es folgten Bergleute aus Franken und Sachsen.

Wassereinbrüche und Einstürze der Stollen machten den Bergarbeitern zu schaffen. Verantwortlich war dabei vor allem der Raubbau und das Nicht-Verfüllen von entstandenen Hohlräumen. Im 18. Jahrhundert verlegte man die Schächte neu und entdeckte weitere Erzvorkommen.

In den 60er und 70er Jahren unseres Jahrhunderts wurden jährlich fast 300.000 Tonnen Roherz gefördert. 1982 waren noch 470 Bergleute angestellt, die 280.000 Tonnen förderten. Erst im Jahr 1988 wurde die Anlage schließlich geschlossen, da die Lagerstätten erschöpft waren. Heute ist in den Schächten am Rammelsberg das **Bergbaumuseum** untergebracht.

▶ Bergbaumuseum
Tel. 0 53 21-34 36 17
Führungen stündlich
Mo-So: 9.15 bis 16.15 Uhr

**Geschichte** Die Stadt Goslar ist um das Jahr 920 vermutlich als Kaufmannsort entstanden. Sie galt von jeher als eine Art nördliches „Einfallstor" in den Harz. Noch zum Ende des 10. Jahrhunderts begann am Rammelsberg der Bergbau – gefördert wurden Silber, Kupfer und Blei –, wodurch das Städtchen seinen ersten Aufschwung erlebte.

Einen weiteren Entwicklungsschub bekam der Ort am Harzrand, als Anfang des 11. Jahrhunderts Kaiser Heinrich II. seine Pfalz von Werla an der Oker nach Goslar verlegte. (In der Literatur wird alternativ auch Heinrich IV. genannt, der sie um 1086 verlegt haben soll.)

Den Standort der ehemaligen Kaiserpfalz Werla haben wir bereits auf unserer Radtour besucht. Pfalzen dienten im Mittelalter – in den Zeiten, da der König noch keine feste Residenz hatte – als Tagungsort und Stätte der Gerichtsbarkeit. Zwischen den einzelnen Pfalzen des Reiches wechselte der Hofstaat, um überall im Reich die Macht des Königs zu repräsentieren. Für Werla kann auch ein Marktplatz angenommen werden, deren Marktrechte nach Verlegung der Pfalz nach Goslar an das Städtchen Burgdorf abgegeben wurden, die Pfalz selbst wurde als Lehen vergeben.

*Kaiserpfalz*

Die Lage an der Oker hatte nicht nur strategische Bedeutung. Unweit des Flußufers lag bis 1927 noch eine große Kupferschlackenhalde. Die Untersuchung der Schlacke ergab, daß sie aus der Verarbeitung Rammelsberger Erze stammen mußte, zudem aus einer sehr frühen Zeit der Metallgewinnung. Vermutlich sind die Erze von Goslar aus zur Verarbeitung auf der Oker transportier worden, die gewonnenen Metalle könnten nach Braunschweig oder weiter flußabwärts verschifft worden sein.

▶ Kaiserpfalz
Führungen stündlich
Mo-So: 10.15
bis 16.15 Uhr

Die in Goslar zu besichtigende **Kaiserpfalz** ist eine Rekonstruktion, die in den Jahren 1873-79 erbaut wurde. Die erste Anlage mußte bereits 1065 nach einem Brand und 1132 nach einem Teileinsturz erneuert werden. Ein weiterer Brand 1289 fügte der Anlage neuen Schaden zu. Die Gunst der Kaiser hatte Goslar – im 11. und 12. Jahrhundert noch regelmäßig besucht – weitgehend verloren. Um die Erhaltung der

Pfalz mußte sich die Stadt kümmern, die im späten Mittelalter zahlreiche Veränderungen an der Anlage vornahm. Während in Braunschweig ebenfalls im 19. Jahrhundert die Rekonstruktion der Burg Heinrich des Löwen mangels aussagekräftiger Quellen recht frei nach Vorbild des Domes gestaltet wurde, geht der „Neubau“ der Kaiserpfalz in Goslar immerhin in weiten Teilen auf die Originalanlage der Salier zurück. Nicht mehr erhalten ist der einst zur Pfalz gehörende, Mitte des 11. Jahrhunderts errichtete Dom. Sein Aussehen ist nur durch Bildquellen überliefert. Die Umrisse des Doms sind als graue Ziegel in den rot gepflasterten Parkplatz vor der Pfalz eingelassen, das Gebäude selbst wurde 1819 abgerissen. Erhalten geblieben ist nur die nördliche Domvorhalle, in der heute der Kaiserthron aus dem 11. Jahrhundert steht.

*Rathaus*

Wie Braunschweig trat auch Goslar 1281 der Hanse bei und erhieltden Status der reichsfreien Stadt (1340 - 1802). Goslar war allerdings nicht stark genug, die Selbstständigkeit längere Zeit zu behaupten. Mit Einführung der Reformation begannen 1527 kriegerische Auseinandersetzungen mit dem Braunschweigischen Herzog Heinrich I. Die Klöster Georgenberg und Petersberg, kaiserliche Gründungen des 11. Jahrhunderts, wurden als Symbole des Katholizismus von den Bürgern Goslars zerstört. Das Herzogtum Braunschweig-Lüneburg entzog der Stadt als Folge der Ereignisse die Rechte am Bergbau – 1552 ging Goslar diese Haupterwerbsquelle verloren. Die wirtschaftliche Lage der Stadt verschlechterte sich drastisch, es kam zu Abwanderungen in der Bevölkerung. Erst 1802, als Goslar seine Reichsfreiheit verliert und Preußen unterstellt wird, verbessert sich die Wirtschaftslage.

Da Goslar von den Bombardierungen im Zweiten Weltkrieg verschont blieb und die Bürger ihre Häuser erhielten anstatt sie durch Neubauten zu ersetzen, besitzt die Stadt neben vielen mittelalterlichen Steinbauten über tausend Fachwerkhäuser. Die historische Altstadt zählt damit zu den wenigen Ausnahmen unter den norddeutschen Städten, in denen das frühe Stadtbild geschlossen erhalten geblieben ist. Zu den schönsten Gebäuden zählen beispielsweise das Bäckergildehaus von 1501 (Marktstr. 45) oder der Sitz des Verkehrsvereins (Markstr. 1), dessen Tor auf 1526 datiert wird. In der Bergstraße finden sich sowohl massive Häuser aus dem Mittelalter (Haus Nr. 2 und 6) als auch Renaissance-Bauten des 16. Jahrhunderts (Nr. 29, 31, 53). Einen großbürgerlichen Hof ließ sich Hans Siemens 1692 errichten, der in der Schreiberstraße 12 besichtigt werden kann.

▶ Rathaus
wegen Renovierung 1996
nicht zu besichtigen;
Info Fremdenverkehrsamt:
Tel. 0 53 21-4 21 11

Sehenswert ist des weiteren das **Rathaus** am Marktplatz, dessen älteste Substanz auf das Spätmittelalter zurückgeht. Im 15. und 16. Jahrhundert wurden weitere Bauteile angefügt. Da sie keinen einheitlichen Grundriss erkennen lassen, vermutet man, daß ältere Gebäudeteile in die Konstruktion mit einbezogen worden sind. Das Rathaus öffnet sich zum Markt hin in sechs Arkaden. Der zweite Bogen von rechts war anfangs vermutlich vermauert, weil hier der Pranger stand. Im Obergeschoß des Rathauses befindet sich der reich geschmückte Huldigungssaal. Die Ausmalung des Raumes stammt aus dem 16. Jahrhundert und zeigt Kaiserportraits. Ein Deckengemälde erzählt die Geburtsgeschichte Christi.

*Marktkirche*

Ebenfalls am Marktplatz gelegen ist Goslars bedeutenste Kirche, die „Marktkirche St. Cosmas und Damian". Der Name geht zurück auf zwei Heilige, die 300 n. Chr. in Algea (Kleinasien) gewirkt haben sollen. In einem Fenster der Kirche werden Szenen aus dem Leben von Cosmas und Damian gezeigt: Sie heilen Menschen und Tiere, werden vom römischen Statthalter verhört und einem ausführlichen Martyrium unterzogen. Dabei werden die Heiligen gesteinigt und gekreuzigt, mit Bogen und Armbrust beschossen, ins Meer und ins Feuer geworfen.

Die Kirche wurde in der zweiten Hälfte des 12. Jahrhunderts errichtet, das anfangs flach gedeckte Langhaus wurde im 13. Jahrhundert eingewölbt. Die Kirche orientiert sich an den kaiserlichen Bauten, gleichzeitig baute man sie größer als den Dom – die selbstbewußten Bürger wollten so ihre Stellung gegenüber dem Kaiser verdeutlichen. Im Innern ist die Kirche romanisch schlicht. Zu den wenigen Ausstattungen gehören das Taufbecken von 1573 und der barocke Hochaltar von 1659, nach einem Brand 1844 restauriert.

Im Bereich der Altstadt liegen drei weitere Kirchen: Im nördlichen Teil der heutigen Fußgängerzone an der Rosentorstraße liegt die Jakobikirche. Sie entstand als flachgedeckte kreuzförmige Basilika im 12. Jahrhundert, die Grundsubstanz geht aber auf einen bereits 1073 urkundlich erwähnten

Bau zurück. Im 13. Jahrhundert wölbte man die Decke ein, um 1500 folgte der Umbau zur Hallenkirche.

Gleich nördlich neben der Jakobikirche findet man die heute evangelische Pfarrkirche Neuwerk. Der Bau geht auf das 1180 gegründete Benediktinerkloster Neuwerk zurück. Anfangs wurden Querhaus und Chor errichtet, zu Beginn des 13. Jahrhunderts folgten Langhaus und Apsiden dieser dreischiffigen kreuzförmigen Gewölbebasilika. Der Bau ist zweigeschossig gegliedert und läßt mit dem Lisenen- und Gesimsaufbau an den Seitenapsiden eine Verwandschaft zur Stiftskirche Königslutter vermuten.

Folgen wir vom Markt aus der Breiten Straße nach Nord-Osten, stoßen wir auf die Stephanikirche. Das mittelalterliche Gebäude war als dreischiffige Hallenkirche mit Westturm angelegt. 1728 ist der Bau abgebrannt, in den folgenden sechs Jahren von 1729 bis 1734 wurde er – eigentlich gegen den Trend der Zeit – nahezu identisch rekonstruiert.

*Jakobi-Kirche*

Altstadt Goslar

11

# Mit dem Rad nach Salzgitter und zurück

Varianten von 32 km
bis 48 km Gesamtlänge

*Mit Salzgitter hat Braunschweig eine recht eigentümliche Stadt zur Nachbarin. Im Kapitel „Geschichte“ wird genauer erklärt, warum sie aus mehreren kleinen Ortsteilen besteht. Obwohl Salzgitter als Industrie-(Stahl-)Stadt nicht den besten Ruf genießt, ist die Gegend zum Radwandern gut geeignet. Möglich sind Touren, die sich ideal mit einem Badeausflug (Salzgittersee in Lebenstedt) oder Museumsbesuch (Schloß in Salder) kombinieren lassen. Die Strecke BS - Lebenstedt - BS ist etwa 32 km lang. Zum Schloß Salder müssen etwa 4 km mehr geradelt werden. Die Rückfahrt über die gleiche Strecke läßt sich vermeiden, wenn man über SZ-Gebhardshagen, den Oderwald und Wolfenbüttel nach BS zurück fährt (48 km).*

**Die Strecke** Wir beginnen die Fahrt am Braunschweiger Messegelände, fahren nach Süden am Kennelbad vorbei, die Oker immer zu unserer linken Seite, Richtung Südsee. Unterhalb des Südsees treffen wir auf eine Brücke, an der uns das Ortsschild rechts „Rüningen" ankündigt. Wir allerdings fahren links über die Brücke und gleich dahinter rechts weiter an der Oker entlang.

Dieses Stück ist der landschaftlich schönste Okerabschnitt, den Braunschweig zu bieten hat. Der Fluß und mit ihm der Weg schlängeln sich durch Wiesen und Felder – man bekommt eine Ahnung, wie der gesamte natürliche Okerlauf früher einmal ausgesehen haben mag. Da Weg und Fluß zum Radfahren und Spazierengehen geradezu einladen, sind allerdings, besonders an Wochenenden, auch viele Menschen unterwegs. Schnelles Fahren ist damit praktisch ausgeschlossen, stattdessen sollte man entspannt die Landschaft genießen.

Der Weg endet an einer Brücke, die rechts über die Oker nach Leiferde führt. Wir fahren über die Brücke nach Leiferde hinein („Fischerbrücke"; ca. 50 m Straße, kein Radweg!) bis zur Kreuzung. Rechts geht's nach Rüningen, links nach Wolfenbüttel. Wir fahren geradeaus die als Sackgasse ausgeschilderte „Bahnhofsstraße" hinauf. Am Ende der Straße bringt uns eine Fußgängerunterführung unter den Eisenbahngleisen auf die andere Seite. Auf der anderen Seite fahren wir auf dem „Thiedebacher Weg" (geradeaus, nicht rechts!) aus Leiferde hinaus. Ein kurzes Stück Landstraße führt uns auf die Friedrichshöhe. Oben angekommen fahren wir am gleichnamigen Hotel/Restaurant vorbei, gleich rechts Richtung SZ-Steterburg. Neben der Landstraße verläuft ein akzeptabler Rad-/Fußweg hinunter nach SZ-Thiede.

▶ Hallenfreibad
SZ-Thiede
Danziger Straße
Tel. 05341-26165
Mo-Fr: 10-19 Uhr
Sa, So: 9-19 Uhr

Wem jetzt schon die Puste ausgeht, der kann das **Hallenfreibad SZ-Thiede** besuchen. Alle anderen fahren geradeaus die Danziger Straße entlang, bis das Straßenschild rechts auf den „Geitelder Weg" verweist. Genau gegenüber auf der anderen Straßenseite führt ein Weg in ein kleines Park-Stück hinein. Wir nehmen diesen Weg und landen auf der „Gerhart-Hauptmann-Straße". Hier müssen wir nach rechts biegen. Es gibt zwei Möglichkeiten: entweder fahren wir durch das Wohnviertel die Gerhart-Hauptmann-Straße bis zu ihrem Ende weiter oder fahren durch das parallel verlaufende Hagen-Holz, ein kleiner Park, der uns – längs durchquert – ebenfalls zur Klosterkirche führt. Gegenüber dieser Kirche biegen wir in einen Forstweg ein, der das Landschaftsschutzgebiet Beddinger Holz (nördlicher Teil „Langes Holz") erschließt. Wir kommen auf dem Forstweg an eine Art Kreuzung. Die einige Meter tiefe Schneise durch den Wald legt Zeugnis davon ab, daß hier einmal ein Gleisstück zwischen Steterburg und Drütte verlief. Die Schienen sind entfernt, an unserer Kreuzung hat man den Graben aufgeschüttet und eine Verbindung angelegt.

Wir überqueren hier die ehemalige Bahnstrecke und biegen links in den Weg ein, nach etwa 200 Metern in die erste Abzweigung rechts. Der schöne Weg durchs Beddinger Holz ist leider zu Ende, wenn wir auf die Eisenhüttenstraße treffen: Es handelt sich um eine Art Zubringer zum Stahl-Werk.

Wir überqueren die Straße und fahren die rechts schräg gegenüber einmündende „Industriestraße Nord" hinauf. Die Straße macht ihrem Namen alle Ehre – ausgelegt ist sie für den Pendler- und Zuliefer-Verkehr des VW-Werks. An üblichen Radwandertagen, an Wochenenden und Feiertagen, ist der Abschnitt, den wir nun abfahren müssen, glücklicherweise kaum befahren.

Wir sollten uns Richtung Salzgitter auf der linken Straßenseite halten, da hier immerhin ein kleiner Radweg verläuft. Auf der rechten Seite dagegen endet der Rad-/Fußweg im Standstreifen der Straße – eine nicht ungefährliche Angelegenheit, meinen doch einige Auto- und Motorradfahrer, dieses breite gerade Stück in Höchstgeschwindigkeit zurücklegen zu müssen! Zugegeben, wenn wir rechts das langgestreckte, riesige Firmengelände von Volkswagen und links die dazugehörigen nicht weniger flächenverschlingenden Parkplätze passieren, erleben wir eine nicht gerade schöne Teil-Strecke unserer Tour. Aber Salzgitter ist nun einmal (unter anderem) Industrie-Standort. Auf rund 1000 Metern, die wir am VW-Werk entlang fahren, können wir uns dieser Tatsache bewußt werden. Übrigens: weiter südlich liegen die Stahlwerke der Preussag AG, die rund das sechsfache an Fläche belegen.

Geradeaus geht die Fahrt über den Salzgitter-Kanal. (Im Sommer '96 ist die Brücke wegen Baumaßnahmen zeitweise gesperrt. Dann schon rechts nach Beddingen abfahren, nach links in die Hafenstraße einbiegen und geradeaus auf den Kanal zufahren. Wir überqueren die Brücke und halten uns links Richtung Tangente. Der Weg verläuft ein Stück neben der Tangente her, dann ist schon Schacht Konrad zu sehen) Ein Stück dahinter mündet die Straße in einer den Autos vorbehaltenen Tangente. Radfahrer lassen sich von dem gelb leuchtenden Geländer auf die Bleckenstedter Straße hinab führen, fahren nach rechts unter der Tangente hindurch und dann gleich links Richtung Schacht Konrad. Wir kommen am Schacht Konrad 1 vorbei. (Hier wurde bis 1976 Eisenerz abgebaut, seit 1988 sollte bereits radioaktiver Müll eingelagert werden. Ein breites Anti-Atom-Bündnis hat dies bisher verhindert. Eine mögliche Einlagerung ist aber noch nicht endgültig aus den bundesdeutschen Entsorgungsplänen verschwunden. Das Bonner Umweltministerium plant eine Einlagerung für das Jahr 2000...)

*Schacht Konrad*

Auf unserer weiteren Strecke unterqueren wir die Autobahn A 39. Gleich nach der Unterführung biegen wir scharf nach links und folgen parallel der Autobahn – schon sehen wir Lebenstedt vor uns liegen. Auf unserem Weg zweigen wir neben der Hochspannungsleitung nach rechts ab (geradeaus endet die Straße in einer Sackgasse), an der Gabelung nach links und landen auf der „Städtestraße", die ins Zentrum von SZ-Lebenstedt führt. Auch wer nicht zum Baden nach Salzgitter gekommen ist, sollte die schöne Strecke am See entlang wählen.

Lebenstedt ist der mit Abstand größte Stadtteil der Flächenstadt Salzgitter. Über die Städtestraße kommend fahren wir die Schweitzerstraße hinunter, biegen rechts in die Neißestraße, an ihrem Ende nach links in die Westfalenstraße und erreichen so den nördlichen Zipfel des Salzgittersees. Er erstreckt sich in südlicher Richtung bis zum Stadtteil Bruchmachtersen auf einer Fläche von 75 ha (Zum Vergleich: der Südsee in Braunschweig ist 30 ha groß). Auf beiden Längsseiten gibt es Badestrände, dazu warten Bootsverleih, Minigolf- und Tennisplätze, Eissporthalle und das städtische **Hallen-/Freibad** auf Besucher.

▶ Hallenfreibad
SZ-Lebenstedt
Am Salzgittersee
Tel. 0 53 41-4 22 06
mit Campingmöglichkeit
10,- pro Nacht/Person

Freibadsaison Mai
bis Anfang September
Mo-So: 10-19 Uhr
während der Schulferien:
9-19 Uhr

Zum Salzgittersee kommen im Sommer Schwimmer und Ruderer, Segler und Surfer – für Gäste aus dem gesamten Umland ist hier ein attraktiver Treffpunkt entstanden.

Lädt das Wetter nicht zum Baden ein, empfiehlt sich ein Besuch im Schloß Salder. Hierzu fahren wir zur Südspitze des Sees und dann am Flüßchen Fuhse entlang Richtung Süden. Immer geradeaus unterqueren wir die A 39, die Salder so unglücklich von Lebenstedt trennt, und erreichen auf gerader Linie das Schloß. Hier ist das Städtische Museum untergebracht, welches die Entwicklung der Region von der Frühgeschichte bis zur Industrialisierung umfassend dokumentiert (siehe Kapitel Geschichte).

Die Rückfahrt nach Braunschweig muß man nicht über den gleichen Weg antreten; von Salder aus kann man auch über Hallendorf und Bleckenstedt wieder zu der Stelle gelangen, an der wir die Industriestraße Nord verlassen haben.

Eine schönere Strecke führt über SZ-Gebhardshagen, den Oderwald und Wolfenbüttel zurück in die Löwenstadt, allerdings sind dann insgesamt 48 km Strecke einzukalkulieren. Wir fahren dazu von Schloß Salder aus an der Fuhse entlang nach Süden. Der Weg macht eine leichte Biegung (schlechte Wegstrecke!) und führt in einem weiten Bogen schließlich durch eine Kleingärten-Siedlung hinein nach SZ-Gebhardshagen. Wir erreichen den Weddemweg, müssen uns links (westlich) halten und den Ort bis zur Nord-Süd-Straße durchqueren. Übrigens: auch Gebhardshagen verfügt über ein (beheiztes!) **Freibad**, welches recht schön auf dem Salzgitter Höhenzug liegt.

▶ Freibad Gebhardshagen
Gostedter Straße
Tel. 0 53 41-7 14 80
Mai bis Anfang September
Mo, Mi, Fr: 13-19 Uhr
Di, Do, Sa, So: 10-19 Uhr

Auf der Nord-Süd-Straße fahren wir nach Norden und biegen rechts ab, um oberhalb des Klärteichs III (Naturschutzgebiet) nach SZ-Heerte zu gelangen. Weiter westlich geht es über SZ-Barum nach Cramme. Cramme durchfährt man auf der Breiten Straße, geradeaus in „Am Stadtweg" hinein, weiter die Anhöhe zum Oderwald hinauf. Links (nach Norden) fahren wir am Waldrand entlang und biegen erst am Ende des Weges nach rechts in den Oderwald ein. Wer den Oderwald nicht kennt, sollte sich nordwestlich orientieren und dann neben der Straße am nördlichen Rand des Waldes weiterfahren, da der Oderwald über ein verzweigtes

Wegenetz verfügt, auf dem man sich schnell verfahren kann. Die teils recht beträchtlichen Steigungen sind sicher eine Herausforderung für sportliche Radler, wir aber befinden uns auf dem Rückweg und sollten keine beschwerlichen Risiken mehr eingehen. Problemlos erreichen wir, immer am Waldrand entlang, Wolfenbüttel. (Rückfahrt nach Braunschweig siehe Kapitel Wolfenbüttel.)

*Schloß Salder*

*Schloß Salder „Turm"*

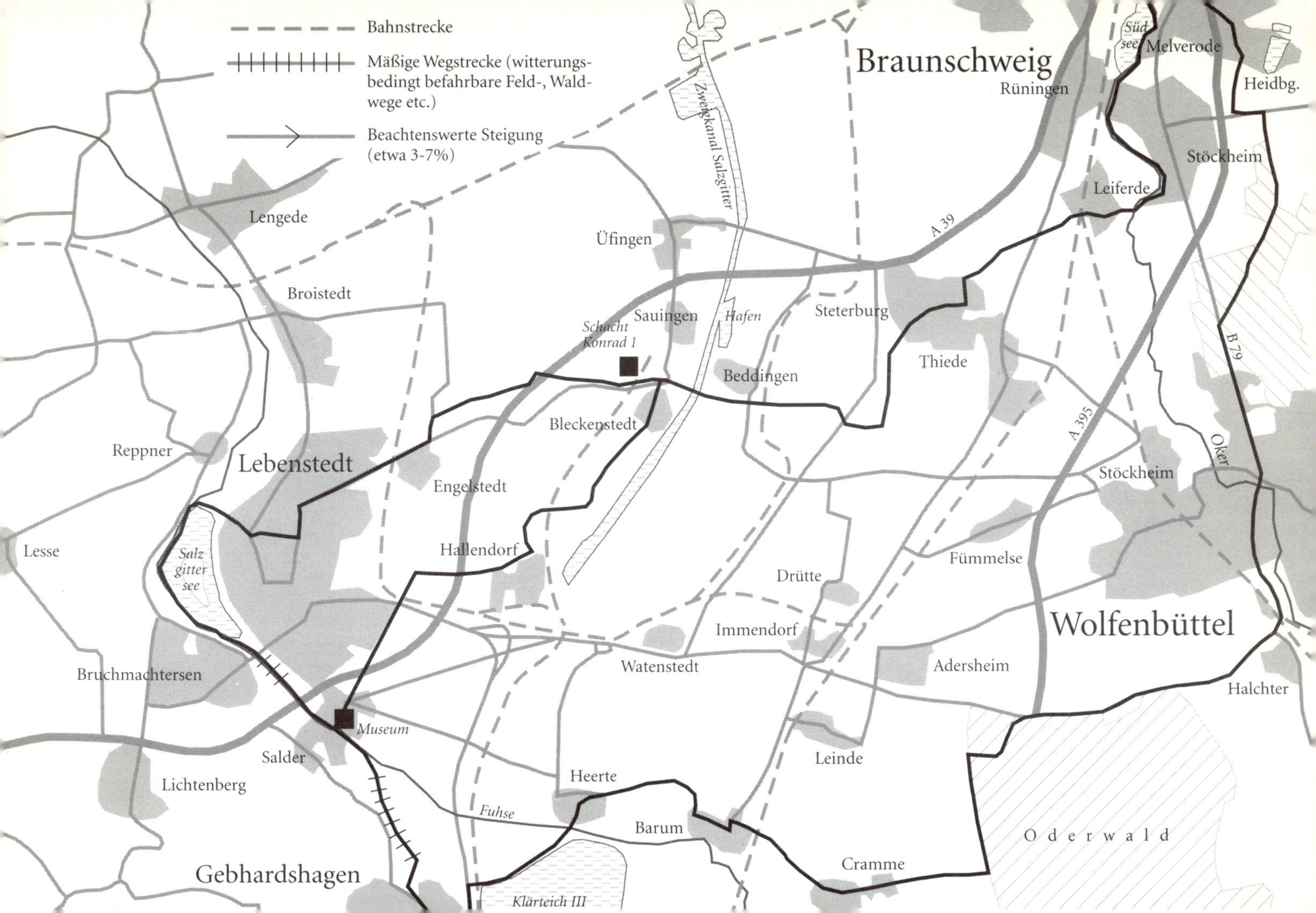

Bahnstrecke
Mäßige Wegstrecke (witterungsbedingt befahrbare Feld-, Waldwege etc.)
Beachtenswerte Steigung (etwa 3-7%)
Braunschweig
Rüningen
Südsee
Melverode
Heidbg.
Stöckheim
Leiferde
A 39
Lengede
Üfingen
Zweigkanal Salzgitter
Broistedt
Schacht Konrad 1
Sauingen
Hafen
Steterburg
Thiede
Beddingen
B 79
A 395
Bleckenstedt
Reppner
Lebenstedt
Engelstedt
Oker
Stöckheim
Lesse
Salzgitter see
Hallendorf
Fümmelse
Drütte
Immendorf
Wolfenbüttel
Bruchmachtersen
Watenstedt
Adersheim
Halchter
Museum
Salder
Lichtenberg
Heerte
Leinde
Fuhse
Barum
Oderwald
Gebhardshagen
Cramme
Klärteich III

**Die Landschaft** Flächenmäßig gehört Salzgitter zu den größten Städten der Bundesrepublik. Naturräumlich ist die Gegend in den Übergangsbereich vom niedersächsischen Berg- und Hügelland (Innerste-Bergland) zum norddeutschen Tiefland (Braunschweiger-Hildesheimer Lößbörde) einzuordnen. Der fruchtbare Boden ist ideal für Getreide- und Zuckerrüben-Anbau, folgerichtig waren Zuckerfabriken die ersten wichtigen Industrieanlagen in der Region. Zwar hat es auch den Abbau von Eisenerz schon seit Jahrhunderten gegeben, die Qualität des Erzes war allerdings nur gering, die industrielle Ausbeutung wurde erst in den 30er Jahren in Angriff genommen.

Auch wenn die Landschaft auf den ersten Blick recht flach erscheint, so gibt es doch Höhenschwankungen von 82 bis 275 Meter NN. Klimatisch treffen im Salzgittergebiet sogar drei Klimazonen aufeinander – Bedingungen, die eine abwechslungsreiche Pflanzen- und Tierwelt mit sich bringen. Besonders für Vögel haben sich Gebiete erhalten bzw. neu gebildet, die zahlreichen bedrohten Arten Lebensraum bieten.

Besondere Bedeutung kommt dem Klärteich III zu. Er entstand als Klärteich einer Eisenerzaufbereitungsanlage, und Entsorgungsfläche einer Schachtanlage, die hier ihr salzhaltiges Grubenwasser abpumpte. Mittlerweile ist das Gelände zum Naturschutzgebiet erklärt worden. Es bietet ziehenden Vogelschwärmen eine Rastmöglichkeit, hat nordischen Vogelarten Bedingungen geschaffen, die im europäischen Binnenland sonst kaum vorkommen und bietet Vogelarten einen Ersatzlebensraum, die durch intensive Landwirtschaft, Industrialisierung und Flußregulierungen ihre natürlichen Brutstätten verloren haben. Seit den achtziger Jahren ist man dazu übergegangen, neue kleine Tümpel anzulegen und die noch naturnahen Zonen vor den Freizeitaktivitäten der Menschen zu schützen. Für uns Radler bedeutet dies, auf den angelegten Wegen zu bleiben und nicht etwa per Mountainbike durch Wald und Wiesen zu pflügen...

**Geschichte** Salzgitter ist formal gesehen eine junge Stadt, gegründet am 1. April 1942. Tatsächlich haben die Ortschaften und Dörfer, die durch staatliche Anordnung verschmolzen wurden, natürlich eine längere Geschichte. In SZ-Lebenstedt wurden bei Ausgrabungen Überreste eines eiszeitlichen Jägerlagers gefunden, wiederholt stieß man bei Bauarbeiten auf Knochen von Ren, Mammut, Nashorn u.a. Werkzeuge wie Messer, Schaber, und Faustkeile sind heute im Museum Schloß Salder zu sehen. Zu den ältesten Fundstücken zählen die Schädelknochen eines rund 60 000 Jahre alten Menschen.

Früh erkannten die Menschen die Bedeutung des Eisenerzes, welches anfangs aber nur direkt an der Oberfläche abgebaut wurde. Bei dem sogenannten „Raseneisen" handelt es sich um ein Erz, welches in sumpfigen Gegenden im knollenförmig kleinen Stück zutage tritt. Schon im 1. Jahrhundert v. Chr. soll es im heutigen Salzgitter-Gebiet geschmolzen worden sein, Rennöfen und Schlackenfunde sind auch aus dem Mittelalter überliefert. Zu einem wichtigen Abbaugebiet hat sich die Gegend über Jahrhunderte allerdings nicht entwickelt, da das „arme" Eisenerz eine nur geringe Qualität hatte und geeignete Verhüttungstechniken erst in den 30er Jahren ausgereift waren.

Die Geschichte der Erzförderung wird im Städtischen **Museum Schloß Salder** gezeigt. Das Schloß im Renaissance-Stil wurde 1608 vom Braunschweiger Kriegsrat David Sachs in Auftrag gegeben. 1954 ging es in den Besitz der Stadt Salzgitter über, welche hier die seit 1911 zusammengetragenen Bestände des städtischen Museums zeigt. Auf rund 2000 qm wird neben den erwähnten steinzeitlichen Grabungsfunden und der Industriegeschichte auch die regionale Wohnkultur dokumentiert: bäuerliches Mobiliar, großbürgerliche Möbel des 19. Jahrhunderts und Musikinstrumente. Zu sehen sind außerdem landwirtschaftliche und handwerkliche Geräte. Neben dem Museum wurde die zweihundertjährige Osterlinder Bockwindmühle aufgestellt.

▶ Städtisches Museum
Schloß Salder
Museumsstraße 34
Di-Sa: 10-17 Uhr
So: 11-17 Uhr

Die Gegend des heutigen Salzgitter blieb bis zu Beginn des 20. Jahrhunderts eine ruhige, dörflich geprägte Landschaft. Mit der Abtretung Elsaß-Lothringens nach dem Ersten

Weltkrieg brach die deutsche Eisenproduktion zusammen. Statt 28,5 Mio. Tonnen Eisenerz im Jahr 1913 förderte Deutschland 1922 nur noch 1,3 Mio. Tonnen Erz, aus denen nur 0,4 Mio. Tonnen Eisen gewonnen werden konnten. Die Importe stiegen stark an, die eigene Produktion erreichte 1932 ihren Tiefpunkt. Nach der Machtübernahmen ein Jahr später setzten die Nationalsozialisten alles daran, die Eisenproduktion zu steigern – Voraussetzung für das früh einsetzende Aufrüstungsprogramm!

*Bockwindmühle*

Zur Jahreswende 1936/37 trat der von Hitler im September verkündete Vierjahresplan in Kraft. Hermann Göring war u.a. damit beauftragt worden, im Salzgittergebiet Eisenerz zu fördern – ein Vorhaben, dem sich die Stahlindustrie gern entziehen wollte, da der geringe Eisengehalt einen Abbau unrentabel erscheinen ließ. Jetzt wurde der Staat selber aktiv. Unter Leitung von Paul Pleiger entstanden im Sommer 1937 die „Reichswerke Hermann Göring". Ein riesiges Hüttenwerk wurde geplant, das 32 Hochöfen umfassen sollte. Bauern wurden zwangsumgesiedelt, 120 Ingenieure mit der Errichtung des Werkes beauftragt, Kanal und Hafenanlagen gingen in Bau. 25 000 Bauarbeiter waren unterzubringen, in fünf Jahren sollten mindestens 20 Mio. Tonnen jährliche Erzförderung erreicht werden. Bezeichnend ist, daß die Industrialisierung autoritär von oben verordnet wurde, die Region selbst hatte nicht mitzureden.

Der Beginn und Verlauf des Zweiten Weltkrieges machte (zum Glück für unsere Region) die gigantischen Planungen zunichte. Als die Wehrmacht ihren Krieg begann, konnten erst zwei Hochöfen in Betrieb genommen werden, im Oktober 1939 wurde in Salzgitter das erste Roheisen gewonnen. Die Produktion blieb jedoch hinter den Erwartungen zurück, bis zum Kriegsende 1945 hatte man nur 12 Öfen errichtet.

Am 1. April 1942 wurden 28 Einzelgemeinden der Landkreise Goslar und Wolfenbüttel zur Stadt zusammengeschlossen. Sie hatte ursprünglich „Hermann-Göring-Stadt" heißen sollen – ein Schicksal, das den Menschen dann aber doch erspart blieb. Der Braunschweiger Ministerpräsident Klagges setzte sich mit seinem Vorschlag „Watenstedt-Salzgitter" durch, weil in Watenstedt, ursprünglich zum Land

Braunschweig gehörend, die ersten Industrieanlagen errichtet worden waren. Die Bevölkerung wurde natürlich nicht befragt, der ungeliebte Name „Watenstedt-Salzgitter“ konnte erst im Februar 1951 zu „Salzgitter“ geändert werden.

Die Pläne der Nationalsozialisten kamen ins Stocken, als 1944 die Bombenangriffe auf Salzgitter einsetzten. Die städtebaulichen Projekte mußten mangels Materialnachschub eingestellt werden, die Stadtteile blieben Flickwerk. Amerikanische Truppen besetzten Salzgitter am 10. April 1945, im Juni wurden sie von britischen Einheiten abgelöst. In den Lagern der brachliegenden Stahlindustrie befanden sich zu Kriegsende zehntausende ausländische Zwangsarbeiter, zu einem großen Teil Polen, die als „displaced persons“ in ihre Heimatländer zurückgebracht werden sollten. Als Randerscheinung des damaligen sozialen Elends kam es zu Diebstählen und Ausbrüchen von Gewalt, die in der Erinnerung vieler Deutschen dazu dienten, ab Beginn der 50er Jahre die eigene Verantwortung zu verdrängen und sich in eine Opferrolle zu flüchten.

Die Stadt Salzgitter brauchte viele Jahre, sich von den Folgen des Krieges zu erholen. Ab 1948 hatte die Demontage von Industrieanlagen begonnen, 1950 wurden Anlagen der Stahlwerke teilweise gesprengt. Im Mai 1950 wurde nach Protesten der Belegschaft die Demontage der Hochöfen vorübergehend ausgesetzt, Ende des Jahres offiziell eingestellt. Drei der zwölf Hochöfen waren dem Werk geblieben. Der Wiederaufbau kam in den 50er Jahren anfangs nur langsam voran, Bundesmittel sorgten schließlich dafür, die provisorisch gebliebenen Wohnviertel mit der nötigen Infrastruktur zu versehen. Die nachträgliche Schaffung einer „richtigen“ Stadt ist noch heute an ihrem architektonischen Mix abzulesen: Bauernhäuser des 18. Jahrhunderts, Wohnblöcke der 40er Jahre, Geschäftshäuser der 50er und 60er stehen zusammengewürfelt neben modernen Gebäuden heutiger Tage.

*Fußgängerzone „Rathaus“*

*Fußgängerzone „Passage“*

*Salzgittersee*

# Westliche Rundfahrt

## Westpark, Raffteich, Bortfeld

Gesamtstrecke 31 km

12

*Unsere westliche Tour läßt sich je nach Bedarf als kurze nachmittägliche Spazierfahrt oder als Museumsausflug in die Geschichte der Landwirtschaft gestalten. Durch den Westpark geht es Richtung Nord-Westen nach Bortfeld. Hier bietet sich ein Besuch des Bauernhaus-Museums an. Durch Wiesen und Felder geht es weiter Richtung Westen, um bei Sophiental den Kanal zu überqueren. Wir fahren nördlich des Mittellandkanals nach Watenbüttel und können vor der Rückfahrt Richtung Kanzlerfeld einen Abstecher zum Museum Gut Steinhof unternehmen.*

**Die Strecke** Wir starten am Cyriaksring/Ecke Broitzemer Straße an der Hochschule für bildende Künste (HbK). Das westliche Ringgebiet verlassen wir über den Alten Pippelweg, der teils als Straße, teils als Rad- und Fußweg nördlich der Hochschule nach Westen verläuft. Geradeaus geht der Weg in den Pippelweg über. Links liegt der Obst- und Gemüse-Großmarkt, rechts zweigt „Am Weinberg“ ab. Hier biegen wir ein (nicht mit der ebenfalls rechts abzweigenden Weinbergstraße verwechseln!) und unterqueren die A 391. Die Straße „Am Weinberg“ geht geradeaus in einen Weg über, dem wir rund 1,5 Kilometer in westlicher Richtung folgen. Wir könnten im Verlauf dieser Strecke bereits nach rechts einbiegen, um auf dem Madamenweg zum Raffteich zu gelangen, allerdings ist diese Straße stadtauswärts nur teilweise mit seperaten Radwegen ausgestattet. Unser Ziel Raffteich ist ausgeschildert; solange wir nicht nach links abbiegen, führt unser Weg schließlich in einer Rechtskurve darauf zu. Vor dem Raffteichbad erreichen wir das Ende des Madamenweges, an dem die Wendeschleife der Buslinie 16 liegt.

Der ursprüngliche Raffteich ist heute Bestandteil des Raffteich-Freibades, welches im Sommer beliebtes Ausflugsziel ist. Östlich des Badesees befinden sich Fischteiche, die schon im 13. Jahrhundert von Benediktinerinnen des Kreuzklosters angelegt worden sein sollen.

Wir fahren geradeaus am Bad vorbei und treffen auf die Hannoversche Straße (B 1). Wir biegen nach links auf die B 1 ab, um nach wenigen Metern gleich rechts auf der Landstraße nach Lamme weiterzufahren. Wir durchfahren Lamme auf der Neudammstraße und biegen nach rechts in den Rodedamm ab. Nach Norden verläßt man Lamme. An der Kurve, an der die Straße nach rechts abknickt, biegen wir auf den nach links abgehenden Weg ein und fahren immer geradeaus, parallel zur nach Bortfeld führenden Landstraße. Nach rund 2,2 Kilometern biegen wir an der Weggabelung nach rechts ab, überqueren die Landstraße und erreichen den südlichen Zipfel Bortfelds auf der „Höhe“, die nach links in den Glinderweg mündet. Auf ihm erreichen wir den Polterdamm, nach rechts geht es auf der Bortfelder Straße durch den Ort. Links zweigt der Katzhagen ab, an dem sich das Bortfelder Bauernhaus-Museum befindet. Hier könnten wir eine Pause einlegen und das Museum besuchen (siehe Geschichte). Nördlich davon kreuzen sich Bortfelder Straße und Lange Straße. Wir biegen nach links ab, folgen der Langen Straße und überqueren am Ortsausgang den Zweigkanal nach Salzgitter, der rund einen Kilometer nördlich Bortfeld auf den Mittellandkanal trifft. Nach Überquerung des Kanals geht es geradeaus, am Rande des Schwarzen Bruchs vorbei.

Hier kann der Weg bei nassem Wetter in schlechtem Zustand sein. Geradeaus überqueren wir das Flüßchen Aue und erreichen den Voigtsbruch, der zum Staatsforst Peine gehört. Unsere Fahrt setzen wir erst am Waldrand fort, an der zweiten Abzweigung nach rechts biegen wir in den Forst ein. An der nächsten Wegkreuzung geht es nach links, dann geradeaus über drei kleinere Kreuzungen hinweg. An der größeren vierten Kreuzung biegen wir nach rechts Richtung Norden ein, und erreichen in gerader Linie den Mittellandkanal. Geradeaus geht es nach Sophiental, wir aber zweigen hinter der Brücke nach rechts ab, wo sich eine Schiffsanlegestelle befindet. Wir fahren am nördlichen Ufer des Kanals nach Osten. Nach halber Strecke unterqueren wir Eisenbahngleise. Dahinter liegen im Norden, einige hundert Meter von unserer Strecke entfernt, Mülldeponie und Rieselfelder. In der Regel werden wir davon nichts merken, die Geruchsbelästigung hält sich in Grenzen. Selbst ein Umweg über die Rieselfelder, zum Beispiel in einem nördlichen Bogen von Sophiental über Wendeburg, ist nicht so abwegig wie es auf den ersten Blick erscheinen mag.

Auf den Rieselfelder läßt die Stadt Braunschweig Teile des anfallenden Abwassers versickern. Dies hat für die Vegetation durchaus positive Seiten: Es sind Feuchtwiesen, Schlamm- und Wasserflächen entstanden, teils mit größeren Strauch- und Baumgruppen bewachsen, die zahlreichen teils seltenen Vogelarten einen ruhigen Lebensraum bieten.

Doch zurück zu unserer Kanalstrecke: Nach rund 6,5 Kilometern – auf der anderen Uferseite liegt Watenbüttel – zweigt ein kleines Hafenbecken vom Kanal ab; der Weg verläuft in einer Kurve nach links. Geradeaus geht es auf die Celler Heerstraße (B 214). Wenn wir nach links abfahren, erreichen wir nach rund 500 Metern das Museum Gut Steinhof (siehe Geschichte).

*Raffteich*

Nach rechts geht es auf der CellerHeerstraße über den Kanal hinweg nach Watenbüttel hinein. In Watenbüttel fahren wir nach rechts in die H.-Jürgen-Straße ab und weiter geradeaus auf die Bundesallee. Links der Strecke liegt die Physikalisch-Technische Bundesanstalt, an der vorbei wir das Kanzlerfeld erreichen. Allerdings geht es nicht ins Kanzlerfeld hinein; am Ortseingang biegen wir nach links auf den Weg nördlich am Rand der Ortschaft ab und fahren auf geradem Weg auf die A 392 zu. An der Autobahn gabelt sich der Weg. Wir fahren nach rechts einige hundert Meter an der A 392 entlang, dann geht die Fahrt in einer kleinen Schleife darüber hinweg. Auf dem Bockshornweg kommen wir nach Ölper, biegen nach rechts auf die Celler Heerstraße, dann gleich wieder links ab in die Dorfstraße. Geradeaus über „Am Mühlengraben" überquert man die Oker und erreicht den Ölpersee. Hier sollten wir nach rechts den schönen Weg zwischen Ölpersee und Oker einschlagen und auf ihm nach Süden über Uferstraße und Feuerwehrstraße in die Braunschweiger Innenstadt zurückfahren.

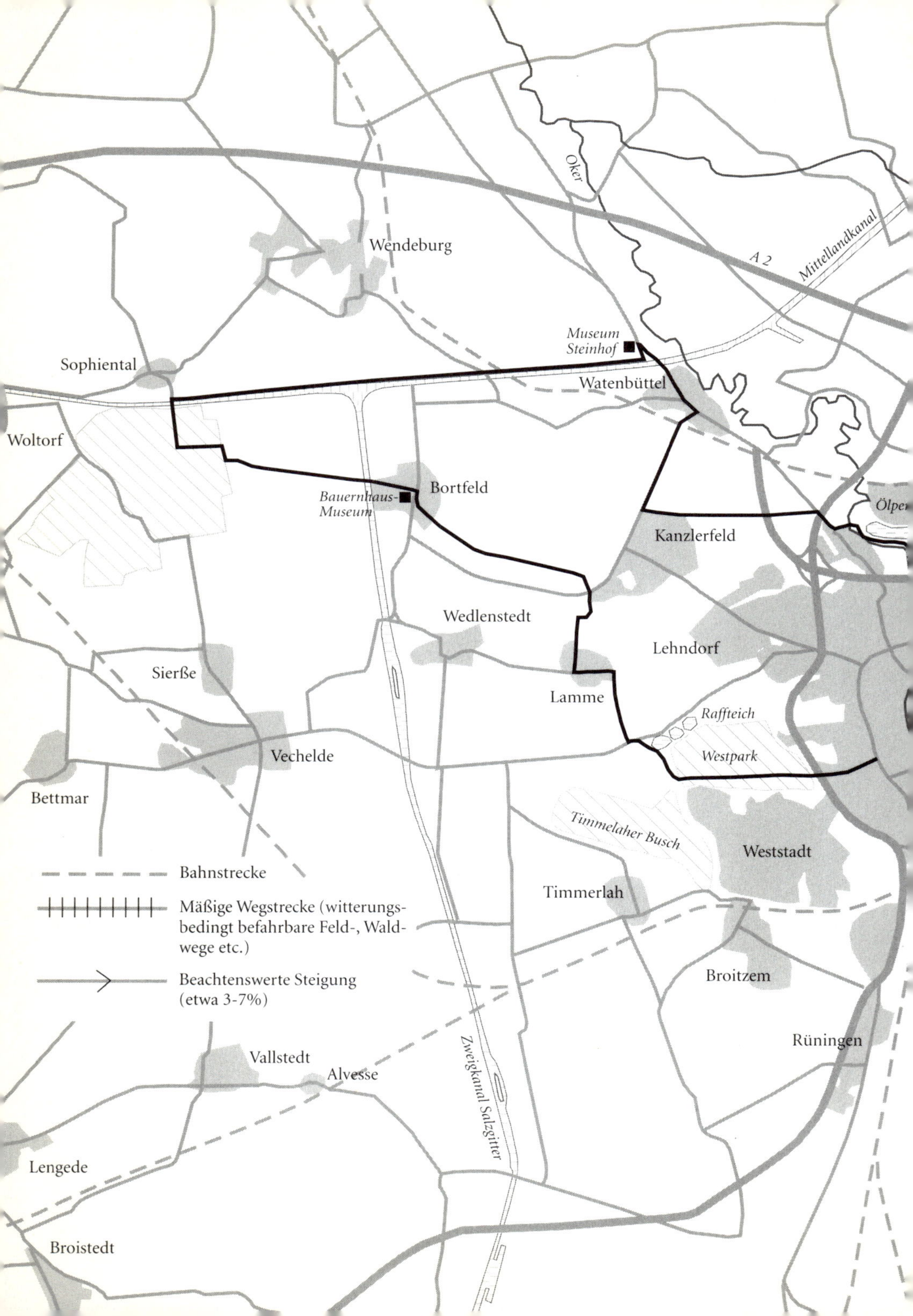

Oker
Wendeburg
A 2
Mittellandkanal
Museum
Steinhof
Sophiental
Watenbüttel
Woltorf
Bortfeld
Bauernhaus-
Museum
Ölper
Kanzlerfeld
Wedlenstedt
Lehndorf
Sierße
Lamme
Raffteich
Vechelde
Westpark
Bettmar
Timmelaher Busch
Weststadt
Bahnstrecke
Mäßige Wegstrecke (witterungs-
bedingt befahrbare Feld-, Wald-
wege etc.)
Timmerlah
Beachtenswerte Steigung
(etwa 3-7%)
Broitzem
Rüningen
Vallstedt
Alvesse
Zweigkanal Salzgitter
Lengede
Broistedt

**Geschichte** Auf unserer Tour fahren wir nördlich von Lamme durch eine Niederung, die während der letzten Eiszeit aus einem Schmelzwasserlauf entstanden ist. Noch weiter nördlich liegt die „Bortfelder Platte", ein Ausläufer sandiger Erdschichten aus dem Peiner Raum. Die unterschiedlichen Böden eignen sich für die verschiedensten Formen des Gemüse- und Getreideanbaus. Noch heute ist die Region durch die Landwirtschaft geprägt, nicht zuletzt durch den großen Komplex der Bundesforschungsanstalt für Landwirtschaft zwischen Kanzlerfeld und Bortfeld.

Mit zwei landwirtschaftlichen Museen an unserer Strecke wird die Tour ein Ausflug in die örtliche Bauern-Geschichte. Auf das erste Museum treffen wir in Bortfeld. Der Ort selbst hat einige schöne Höfe zu bieten, in einem davon ist das **Bauernhaus-Museum** untergebracht.

▶ Bauernhaus-Museum Bortfeld
Katzenhagen
Tel. 0 53 02-28 51
Sa/So: 10-13 Uhr, 14.30-17 Uhr
von Oktober bis März nur Sonntags

Das niederdeutsche Hallenhaus, ein Fachwerkbau von 1726, zeigt Wohn- und Wirtschaftsteil mit angeschlossenen Viehställen. Die Ausstattung des Hauses zeigt Gerät aus dem 19. Jahrhundert. Zu sehen sind unter anderem historische Waagen, Gerätschaften zur Flachsbearbeitung und Landmaschinen.

Zum zweiten Museum müssen wir nur knapp 500 Meter von unserer Tour am Mittellandkanal abweichen. Nördlich von Watenbüttel befindet sich das Landtechnikmuseum **Gut Steinhof**. Seit 1984 werden in den Wirtschaftsgebäuden des ehemaligen Klostergutes Exponate aus der Geschichte der Landwirtschaft gezeigt. Während das Bauernhaus-Museum das häusliche Leben thematisiert, liegt der Schwerpunkt hier auf den großen technischen Geräten. Zu den Themen gehören Bodenbearbeitung, Saat und Ernte, besonders die dafür benötigten Maschinen und Geräte. Die meist funktionsfähige Technik wird auf Wunsch auch vorgeführt.

▶ Gut SteinhofBortfeld
Celler Heerstraße
Tel. 51 33 70
Sa: 10-17 Uhr

*Voigtsbruch*

# Anhang

**ADFC – Allgemeiner Deutscher Fahrrad Club**
Kreisverband Braunschweig, Ferdinandstraße 7 (Umweltzentrum), Tel. 43 4 26.
Kreisverband Peine, Kleine Schützenstraße 4, 31224 Peine, Tel. 05171-15850.
Ortsgruppen des ADFC gibt es zusätzlich in Wolfenbüttel, Wolfsburg und Salzgitter, in denen jeweils einzelne Mitglieder als Ansprechpartner zur Verfügung stehen (Aktuelle Adressen bitte im Kreisverband erfragen).

Der ADFC setzt sich für eine umweltfreundliche Verkehrspolitik ein, die das Radfahren fördert. Er engagiert sich für Radverkehrsnetze in allen Städten und Gemeinden, für ein besseres Angebot bei der kombinierten Nutzung von Fahrrad und öffentlichen Verkehrsmitteln und für die Förderung des Radfahrens in Urlaub und Freizeit. In diesem Zusammenhang hat der ADFC eine Reihe von Radtourenkarten im Maßstab 1:150 000 herausgegeben, die mit 28 Blättern die gesamte Bundesrepublik umfassen. Ein Katalog mit über 300 Büchern und Karten rund ums Radwandern kann beim ADFC-Fahrrad-Buchhandel angefordert werden (Postfach 107747, 28077 Bremen).

**braunschweiger forum**
Helenenstraße 32, Tel. 89 50 30, Mo.-Fr. 10-12 und 14-16 Uhr.

Der „Verein zur Förderung bürgernaher Stadtplanung e.V.“ gibt jedes Jahr das „Fahrrad Programm“ heraus, in dem Veranstaltungen rund ums Fahrrad von nahezu allen Braunschweiger Vereinen aufgeführt werden. Für den Zeitraum April bis Oktober 96 umfaßt das Programm beispielsweise 60 Termine von 25 Veranstaltern.

**Braunschweiger Verkehrs-AG**
Wer im Elm radeln möchte (Kapitel 8) ohne den Weg dorthin schon mit dem Fahrrad zurückzulegen, kann den FahrradExpress der Verkehrs-AG nutzen. Im Sommer 1996 startet der Bus jeweils Sonntags um 10.21 Uhr am Europaplatz durch den Elm nach Königslutter. Zurück geht es um 15.45 Uhr ab Bahnhof Königslutter. Die Ausflugslinie fährt von April bis Ende Oktober, Reservierungen und Auskünfte gibt es bei der BVAG unter Tel. 383-27 10 oder im Informationszentrum in den Stiftsherrenhäusern, Kleine Burg 2-4.

**Deutsche Bahn**
Die Bahn bemüht sich verstärkt um Radfahrer und hat in Zusammenarbeit mit dem ADFC eine 36seitige Broschüre „Reizvolle Rad-

touren in Niedersachsen" zusammengestellt. In ihrer Broschüre informiert die Bahn über das Streckennetz in Niedersachsen und schlägt Radlern zwölf interessante Touren vor – die alle an einem Bahnhof beginnen, versteht sich ...

Die Broschüre gibt es kostenlos an Bahnhöfen, beim ADFC oder bei der Deutschen Bahn, Geschäftsstelle Nahverkehr, Regionalbereich Niedersachsen/Bremen, Joachimstr. 8, 30159 Hannover

**Fahrrad-Selbsthilfe-Werkstatt**

Frankfurter Straße 2-5, Tel. 8 24 47; Hilfe bei Reparaturen, Mo. 15-18 Uhr nur für Frauen, Di. und Do. 15-19 Uhr, Mi. 17-21 Uhr für alle.

Die Selbsthilfe-Werkstatt der Fahrrad- und Verkehrs-AG des AStA an der TU Beraunschweig steht allen Studierenden offen, die technische Probleme mit ihrem Fahrrad haben. Die ehrenamtlichen Mitarbeiterinnen und Mitarbeiter unterstützen die Radler mit Werkzeug und technischen Tips. Zum ständigen Angebot gehören auch Technikkurse und ein Selbstbaukurs für Fahrrad-Anhänger.

**KulturTeam Braunschweig e.V.**

Chemnitzstr. 7, 38118 Braunschweig, Tel. 57 57 88

Das KulturTeam erkundet bei mehreren Fahrradtouren die Natur in der näheren Umgebung Braunschweigs. In der Saison von April bis Oktober beinhaltet das Programm sieben Halbtages- (ca. 20 km) und drei Ganztagestouren (ca. 50 km) von je drei bzw. sieben Stunden Dauer.

Unter fachkundiger Führung werden die schönsten Biotope und prägende Landschaftsteile im Braunschweiger Land vorgestellt. Auf Anfrage können ebenfalls Ausflüge mit individuell vereinbarten Vorstellungen gebucht werden

**Umweltzentrum Braunschweig e.V.**

Ferdinandstraße 7, Tel. 12 59 92.

Der Verein bemüht sich um den Aufbau eines Umweltzentrums, in dem alle Braunschweiger Umwelt-Initiativen Räume beziehen können. In der momentanen Geschäftsstelle in der Ferdinandstraße haben sich ADFC und VCD (Verkehrsclub Deutschland) eingemietet. Der ADFC hat in den Räumlichkeiten eine kleine Bibliothek mit Fahrradliteratur untergebracht, auch Fahrradkarten können hier erworben werden.

# Literaturverzeichnis

An dieser Stelle möchten wir auf eine kleine Auswahl von Veröffentlichungen hinweisen, die zur weiteren Beschäftigung mit den in den einzelnen Kapiteln angesprochenen Themen dienen kann.

**Karten:**
Radwanderkarten des Niedersächsischen Landesverwaltungsamtes/ Landesvermessung „RC 3926 Braunschweig", 1 : 75 000, Stand 1991, im Buchhandel für DM 9,80 erhältlich.

Für Ausflüge in den Elm empfiehlt sich die topographische Karte „Naturpark Elm-Lappwald", Maßstab 1:50 000

ADFC-Radtourenkarten
Insgesamt sind 28 Blätter erhältlich, die die gesamte Bundesrepublik umfassen. Für den Braunschweiger Raum sind zwei Karten erhältlich, Maßstab 1 : 150 000, Stand 1991, im Buchhandel zu je DM 12,80: Karte 7: Lüneburger Heide/Hannover, Karte 12: Harz/Leinetal

Landkreis Helmstedt, Amt f. Wirtschaftsförderung:
Radwandern im Naturpark Elm-Lappwald, Karte im Maßstab 1 : 65 000, auf der Rückseite 16 Routen-Vorschläge zwischen Braunschweig, Wolfsburg und Helmstedt. Bezugsquelle: Landkreis Helmstedt, Amt für Wirtschaftsförderung, Südertor 6, 38350 Helmstedt, Tel. 05351-121375.

Planergruppe Verkehr und Umwelt (Hrsg.):
Radfahren zwischen Heide und Harzvorland, Braunschweig 1983. In diesem 36 Seiten umfassenden Büchlein wird eine sehr schön gezeichnete Karte im Maßstab 1:50 000 präsentiert, die Angaben vom Feldweg bis zur Straße umfaßt. Dazu gibt es vier Ausschnittkarten für den Südsee, Riddagshausen, SZ-Lebenstedt und Wolfenbüttel. Dem Buch sind viele interessante Hinweise zu entnehmen, man sollte allerdings zur Tourenplanung mindestens eine zweite aktuellere Karte hinzuziehen – seit 1983 hat sich doch einiges verändert! Nicht mehr im Handel, auszuleihen in der Öffentlichen Bücherei.

Braunschweig:

Bäuerle, Lydia/Klie, Wolfgang: Exkursionsführer Braunschweig, Vom Harz zur Heide, Braunschweig 1990; enthält u.a. Informationen zur Geologie, dazu diverse Stadtrundgänge und Exkursionen, die zumindest zum Teil auch für Radfahrten geeignet sind.

Braunschweig, Stadt (Hrsg.): Führer zum stadthistorischen Rundgang, Braunschweig 1985

Braunschweig, Stadt (Hrsg.): Die Geschichte der Stadt Braunschweig in Karten, Plänen und Ansichten, Braunschweig 1981

braunschweiger forum (Hrsg.): Braunschweig im Wandel; ein Weg durch die Stadt, Braunschweig 1985

braunschweiger forum (Hrsg.): Braunschweig – wie man eine Großstadt (ver)plant, Braunschweig 1990

Busse-Weber, Christiane: Mit dem Fahrrad in die Umgebung von Braunschweig, Braunschweig 1983 (Selbstverlag)

Kalanke, Karl-Ludwig/Kuchen, Martina: Braunschweig; Vom Wik zur Regionalstadt, Braunschweig 1982

Liess, Reinhard: Braunschweig, 5. Auflage, München 1980; Architekturgeschichte von der Stadtgründung bis in die Gegenwart.

Luckhardt, Jochen (u.a.): Herzog Anton Ulrich-Museum Braunschweig; Die Sammlung, München/Berlin 1993

Mey, Ulrich H./Streibel, Christian: Braunschweig, Architekturführer; Stadtentwicklung und Architektur, Braunschweig 1986

Moderhack, Richard: Braunschweig; Das Bild der Stadt in 900 Jahren, Braunschweig 1985

Rötting, Hartmut: Stadtarchäologie in Braunschweig, (Forschungen der Denkmalpflege in Niedersachsen, Bd. 3) Hameln 1985

Siebert, Rolf: Die Entwicklung der Landschaft von Querum und ihre Flurnamen – Feldmark – Schuntertal – Querumer Wald, Braunschweig 1987 (Grüne Hefte für Denkmalpflege und Geschichte Bd 2)

Tute, Heinz-Joachim/Köhler, Marcus: Gartenkunst in Braunschweig; Von den fürstlichen Gärten des Barock zum Bürgerpark der Gründerzeit, Braunschweig 1989 (Braunschweiger Werkstücke Bd. 76)

Tute, Heinz-Joachim/Ulferts, Gert-Dieter: Richmond; Bilder aus 225 Jahren Geschichte, Braunschweig 1993

Riddagshausen:

Bickel, Wolfgang: Riddagshausen – Untersuchungen zur Baugeschichte der Abteikirche, Braunschweig 1968 (Braunschweiger Werkstücke Bd. 40)

Bürgerschaft Riddagshausen (Hrsg.): 700 Jahre Riddagshausen, Braunschweig 1975

Meibom, Heinrich: Chronik des Klosters Riddagshausen 1145 - 1620; eingeleitet, übersetzt und erläutert von Gottfried Zimmermann, Braunschweig 1983 (Braunschweiger Werkstücke Bd. 61)

Goslar:

Steigerwald, Frank (Hrsg.): Goslar; Bergstadt – Kaiserstadt in Geschichte und Kunst; Bericht über ein wissenschaftliches Symposion in Goslar vom 5. bis 8. Oktober 1989, Göttingen 1993 (Schriftenreihe der Kommission für Niedersächsische Bau- und Kunstgeschichte bei der Braunschweigischen Wissenschaftlichen Gesellschaft ; 6)

Salzgitter:

Fondran, Erhard: Stadt- und Industriegründungen Wolfsburg und Salzgitter : Entscheidungsprozesse im nationalsozialistischen Herrschaftssystem, Frankfurt/Main 1984 Hodemacher, Jürgen: Salzgitter, Düsseldorf 1984

Scheurer, Siegfried: Salzgitters Zeugen aus Mittelalterlicher Zeit, Sonderveröffentlichungen des Stadtarchivs Salzgitter Heft 2, 1982

Wolfenbüttel:

Bege, Karl: Chronik der Stadt Wolfenbüttel und ihrer Vorstädte, Wolfenbüttel (Nachdruck von) 1839

Stadt Wolfenbüttel, bearb. von Etta Pantel, Braunschweig/Wiesbaden 1983; (aus der Reihe „Baudenkmale in Niedersachsen", detailierte denkmaltopographische Angaben zu den einzelnen Straßenzügen)

Wolfsburg:

Behn, Olav / Friedrichs, J., Kirchberg, V.: Die City von Wolfsburg; Bedeutung und Bewertung eines jungen Stadtzentrums, Frankfurt/Main 1989

Budde, Richard: Wolfsburg; Texte und Bilder zur Geschichte und Gegenwart der Volkswagenstadt, Braunschweig 1985

Fondran, Erhard: Stadt- und Industriegründungen Wolfsburg und Salzgitter : Entscheidungsprozesse im nationalsozialistisch Herrschaftssystem, Frankfurt/Main 1984

Hoffmann, Klaus: Städtische Galerie Wolfsburg, Braunschweig 1991 (in der Westermann-Reihe „museum")

Kautt, Dietrich: Wolfsburg im Wandel städtebaulicher Leitbilder, 3. Auflage, Wolfsburg 1985 (Texte zur Geschichte Wolfsburgs ; 11)

Simson, Trutz: Wolfsburg; Portrait einer jungen Stadt, Wolfsburg 1987

Wolfsburg 1938 - 1988 (Ausstellungskatalog), Braunschweig 1988

Maass, Winfried; Hinz, Volker: Das ist Wolfsburg; die Volkswagenstadt, 2. Auflage, Hamburg 1982

Sonstiges:

Großmann, G. Ulrich: Hannover und das südliche Niedersachsen; Geschichte, Kunst und Landschaft zwischen Harz und Weser, Braunschweig und Göttingen, Köln 1988

Hodemacher, Jürgen: Die Oker; Von der Quelle bis zur Mündung, Cremlingen 1992

Meibeyer, Wolfgang/Kegel, Ulrich: Braunschweig und das Land zwischen Harz und Heide, Braunschweig 1995

Müller, Theodor: Schiffahrt und Flösserei im Flussgebiet der Oker; Braunschweig 1968 (Braunschweiger Werkstücke Bd. 39)

Röhr, Heinz: Geschichte der Stadt Königslutter

# Stichwortverzeichnis

## Bildverzeichnis

**Toni Angilotti:** S. 14, 17, 18 Mitte, 19 Mitte u. unten, 45 oben, 50, 54, 55 unten, 56 unten, 58, 59 oben 2x

**Sabine Diedrichs:** S. 12, 13, 18 oben u. unten, 19 oben, 22, 23, 28, 29, 31, 34, 35, 36, 41, 45 unten, 51, 55 oben, 56 oben, 59 unten, 64, 68, 69, 71 unten, 75, 78, 79, 80, 81, 84, 85, 86, 87, 90, 91, 92, 111, 115, 117, 120, 121

**Heiko Stolzke:** Umschlagfoto, S. 4, 48, 60/61

**Volkswagen Wolfsburg:** S. 39

**Björn Zelter:** S. 95, 96, 97, 99, 101, 102, 103, 104, 105

Die Karten zeichnete **Alexandra Nowak**

Stadtpläne S. 16 und 52: Kartengrundlage Stadtkarte 1 : 20 000; herausgegeben vom Vermessungsamt der Stadt Braunschweig, Vervielfältigungserlaubnis erteilt: Braunschweig, 18.06.1996, Az. 62.22-16/96, durch Stadt Braunschweig, Vermessungsamt.

Die übrigen Fotos stammen aus dem Archiv des Autors.

TRAMP + GLOBETROTTER LADEN
BS 34 30 10
Rebenring 16 (Uni)
Zelte,
Schlafsäcke,
Rucksäcke,
Kleidung, Zubehör

Bei uns ständig im Angebot:
Räder. Service. Sachverstand.
Radhaus
Heinrichstr. 25 - Braunschw. - 339650

Ernst-Moritz-Arndt-Str. 138 · Wolfenbüttel · (0 53 31) 46 93 06
road RUNNER
Ind;v;duell